멈출 수 없는
바람이라면

멈출 수 없는 바람이라면

초판 인쇄   2015년 3월 18일
초판 발행   2015년 3월 25일

지은이   김남주
발행인   임수홍
편 집   안영임
디자인   맹신형

발행처   도서출판 국보
주 소   서울 강동구 양재대로 114길 32 2층
전 화   02-476-2757~8   FAX 02-475-2759
카 페   http://cafe.daum.net/lsh19577
E-mail   kbmh11@hanmail.net

값 10,000 원

ISBN 978-89-93533-99-6

· 저자와의 협약에 의해 인지는 생략합니다.
· 이 시집의 글은 저작권법에 따라 보호를 받는 저작물이므로 저자와 출판사의
  동의 없이는 무단 전재 및 무단 복제를 금합니다.

· 잘못된 책은 바꾸어드립니다.

「이 도서의 국립중앙도서관 출판예정도서목록(CIP)은 서지정보유통지원시스템 홈
페이지(http://seoji.nl.go.kr)와 국가자료공동목록시스템(http://www.nl.go.kr/kolisnet)
에서 이용하실 수 있습니다.(CIP제어번호 : CIP2015008339)」

작가의 말

멈출 수 없는 바람이라면

　긴 꿈을 꾼 후 깨어나 보니 어느덧 지내온 육십 년이라는 세월이 눈 앞에 있습니다.
　전후세대 암울하던 시절에 태어나 밀리고 쫓기듯 살아온 삶이 하나 하나 담을 쌓듯 쌓이고 그물을 엮듯 엮어서 지금에 서 있는 나를 봅니다. 짧지 않은 세월 수 없이 많은 만남과 헤어짐 부딪치고 무너지고 다시 일어서는 처절한 여정의 반복 속에서 무엇을 얻고 무엇을 잃었는지 가늠키 힘든 온전치 못한 나의 모습은 상한 가슴을 또 찢고 있는 상처 투성이……
　돌이켜 세울 수 없는 기억 속에서 제자리 걸음하며 멈추어 있는 모습 발견하고 안타까움으로 애타 하던 중 아직 뜨겁게 뛰는 가슴을 그 어떤 것에도 내어 줄 수 없다는 생각으로 이끄는, 기적처럼 허락되어진 돌파구.
　그 놀라운 선물은 소중하고 감사한 순간으로 저를 돌이켜 세웠습니다.

얼마나 남아 있을지 모를 멈출 수 없는 내 인생의 남은 시간을 어떠한 모양의 그릇에 담아도 순응하듯 그 모습을 따라 자리하는 유연하고 너그러운 '물'처럼 그리 살다 가고픈 마음입니다.

　그 마음 담아 가슴 깊은 곳 꼭꼭 접어 간직해 두었던 간추려 지지 않은 삶의 기록들을 조심스레 끄집어내 겸손하게 펜가는 대로 적어 봅니다.

　'아! 그런 삶도 있구나'하는 마음으로 편하게 만나는 나의 글이기를 희망해 봅니다.

김남주

Contents

1부　또 다른 시작 앞에 선다

추풍령을 지나며	14
人生	15
허허 I	16
허허 II	17
산보 散步 I	18
산보 散步 II	19
길 위에서 묻다	20
내 머무는 자리 내가 그리는 그림	22
동행	24
서해바다 한켠에서	25
또 다른 시작 앞에 선다	26
어느 봄날	28

2부 꼬맹이 우리 아들

겨울 산속의 아찔했던 기억	32
굴렁쇠의 추억	36
금연	38
손님	39
꼬맹이 우리 아들	40
무지개가 보고 싶다	44
사랑하는 꼬맹이 아들이 지금 지나가는 삶의 소중한 자리	46
아빠 누가 뭐라 해도 나는 아빠를 믿어 늘 아빠 곁에 있었고 또 아빠를 잘 아니까	48
한 조각의 휴지	50
오늘 하루도	52
숙제	53

3부 소중한 사람

무제	56
밀랍인형 부스러지듯	58
선지 해장국	61
소중한 사람	62
무학산 자락에서 오신 손님	64
시간의 수레바퀴	66
아픈 이별을 준비하다	68
오두막	70
요즈음	71
친구	72
편지	74

4부 감추어진 生命

그 해 여름	78
바램	79
기다림	80
남부 정류장	82
참고 또 참아내는	84
변함없이 찾아온 아침	85
감추어진 生命	86
아름다운 時間	88
아픔 그리고 아득함	90
오랜만의 외출	92
우리 잠든 사이	94
유배지에서 외치는 함성	96
촛침 소리	98

5부 보물찾기

또 한 번의 외출	102
덤으로 사는 인생이 거기 숨어있었네	106
변호인	108
보물찾기	110
선택	112
오랜만의 세상구경	114
외출	116
우물 안 개구리	118
조각난 하늘	120
창문에 코를 대고 세상을 마신다	122
멈출 수 없는 바람이라면	124

# 6부 부처님 오신 날

청운 스님　　　　　　　　128
부처님 오신 날　　　　　　130
계절　　　　　　　　　　　132
그리운 님 언제나 보러 갈꼬　134
단풍을 만나다　　　　　　　135
멈춤　　　　　　　　　　　136
아쉬움　　　　　　　　　　138
짜장면　　　　　　　　　　140

7부 축사

방랑식객 임지호 (추천사)　　144
사랑하는 아내 박지영　　　　146
대구에서 처형 서예가 박순화　148
아빠 늦둥이 아들 '꼬맹이' 김송원　150

1부
*또 다른
시작 앞에 선다

추풍령을 지나며

새마을호 차창 밖으로
마치 활동사진처럼
빠르게 지나가는
가을 깊은 한국의 산하(山河)가
살아 요동치듯 자유를 말한다

묶여 애타게 갈망하던 곳들이
바로 눈앞에 있음에
이제 비로소 내가 보인다

아직은 채 다스리지 못한
못나게 가시 돋친 심사 잠재우고
제자리 찾게 할
마음을 생기게 한다

내 人生인 듯
깊어가는 가을 속에서
소박한 꿈 다시는 놓치지 않고
머물다 가리라 다짐해 보는 오늘.

人生

내 몸뚱아리에 붙은
머릿속에
어떤 생각 들어 있고
먹고 살기 위해
토끼 뜀뛰듯 사는 이곳
어드메인가
되돌아보니
조금은
멀리 와버린 듯
생경하나
욕심 부리며
살지 않으리라는 교훈 얻어
실천해보며 늘
다짐하고 사는 것으로
값진 소득 대신
만족하며
가보려네
가보려 하네.

2014. 9. 5

허허 I

흰머리에
거뭇거뭇 생겨나는 새끼 검버섯
멀쩡하던 이빨까지
제몫 찾아 달라
아우성이다

변해가는 모습에서
세월의 흐름을 본다

소주 세병쯤은
너끈하던 체력이
몇 잔 술에 촛점 흐려지고……

아껴 살아야 한다는
끊임없는 채근질이
옥 죄이듯 울타리를 친다

허락되어진 분복이
그만큼인 것을

그것이 인생이라
다독여 본다.

허허 Ⅱ

흩어졌던 바람도
언젠가는 다시 모여
세력을 키워 불고

흩어졌던 하늘의 구름도
또다시 뭉쳐 단비를 만드는데

소통을 외면하는
인간사 구석구석엔
저마다 만들어내는
각기 다른 목소리와

가까이 있는 해법조차
굳이 멀리하고
또 다른 변명꺼리 찾아나서는
우매한 발길들에 섞여

육십 해를 살고서도
철없던 어린 시절 말고는
마음껏 웃어본 기억이 없네.

산보散步 Ⅰ

설날 아침 정갈하게 준비하고
마음 다해 올린 차례상 앞에서
떡국 한 그릇으로
공평히 한살씩 나누어 먹은 우리가족

가벼운 차림으로
따사로운 햇살 속 넉넉히 자리한 뒷산
우리들만의 정원으로
봄 찾아 함께 나선 여유로운 행보

멈추어진 계절 탓에
아직 소나무 말고는 푸르름에 인색하긴 했지만
솔향 은은한 오솔길을 걷는 가벼운 발걸음 아래로
조심스레 전해오는 봄기운속
이야기 꽃 피우며 나눈 정은 떡국보다 맛있는 축복

온몸에 달라붙은 도깨비바늘 서로 떼어주며
환하게 웃는 작은 행복은
봄이 오는 길목에서
함께 맞이하는 또 하나의 선물

산보散步 Ⅱ

들녘이 분주하다
온 들판이 살아 숨을 쉰다

성급하게 찾아온
머쓱함인지
소리 죽이고 대지를 적시는 빗소리는

문천지 깊은 물속 숨어있던
물고기를
수면위로 불러내 춤추게 하고

겨울을 난 철새들을
힘찬 날개짓으로
먼 길 떠날 채비 서두르게 하고

동면 속 개구리도
바깥세상 움직임에
귀를 열게 한다

연두색 옷 갈아입을 날 맞으려면
일각이 여삼추라는 생각에
옮겨 딛는 발걸음이
절로 빨라진다.

길 위에서 묻다

하늘 길, 바다길, 땅위에 난길 말고도 사람 사는 곳이면 어김없이 발길 내밀어야 하는 이리저리 거미줄 엉키듯 이어진 길, 사람 사는 길

사람이 낸 길, 사람이 가야 할 길, 짐승이 다니는 길, 차가 다니는 길, 꼭 가야할 길, 가서는 정녕 아니 될 길, 구분해볼 새 없이 쫓기듯 가야하는 길을 수도 없이 맞닥뜨리며 사는 세상, 내 가는 길 믿을 수 없어도 어이없이 내딛어 지는 발길, 낭만의 돌담길은 정강이라도 있고, 마른 낙엽 사각거리는 오솔길은 호젓함이라도 있고, 행여 살다가 지름길이라도 찾을라치면 지친 삶에 활력소라도 되어줄 텐데……

지금 내 앞에 놓인 이 길도 분명 길일 진데 큰 것을 잃어버린 듯 허전함 너무 커서, 몸도 마음도 생각의 멈춤도 머물러 헤어날 수 없는 나락 답답함 풀어낼 돌파구는?

한발 두발 발품을 팔아 한 뼘 두 뼘 여백을 채우고 끊어질 듯 이어지는 길을 찾아 대동여지도를 완성한 누구보다 위대하고 놀라운 이, 김정호의 발자취는 구석구석 살아있는 피의 산물. 수천수만 번이 넘었을 단념과 포기의 유혹 이겨내고 넘어져 깨어지고 찢어지고 너덜거리는 몸 이끌고

생사의 기로에서 헤매이며 구르고 부대끼며 온몸으로 그려낸 철학, 인고의 세월 딛고 일어선 대장정 대역사 속 이룸. 산맥의 흐름과 골짜기로의 연결 타고 넘는 재와 재의 만남이 만들어낸 사람 사는 이야기, 고개와 바위 턱, 촘촘한 수목과 계곡의 소리, 그 삶까지 생생하게 그려낸 수묵 산수화의 진수를 보는 듯

높고 낮음, 깊고 얕음
풍습과 먹거리와 특산품
기후변화에 따른 생활모습
모두어 사는 삶의 터전과 토굴신앙
생물과 무생물의 존재가치에 이르기까지……

이루다 표현치 못할 만큼의 넘쳐흘러 내리는 존재가치로 우리 삶속 깊이 고마움으로 감사함으로 자리해있다. 수레가 언덕을 오를 때는 짐을 실어야 헛바퀴가 돌지 않듯 삶의 원동력이 되어야……

여행은 길 위의 학교, 한번 배우면 평생을 쓸 수 있는 교육

내 머무는 자리 내가 그리는 그림

수십 년을 머물러온
사람의 이름을 갖고 태어난
세상에서 받아든 하이얀 종이 위에
붓끝으로 전해오는
짜릿한 쾌감 이어가며
힘주어 부딪치고 꺾고
선을 따라 거침없이
흐르고 이어지며 그려나가던
캔버스의 한복판에서
꺾이고 부러진 붓
널부러진 병 쪼가리
말라붙은 물감 사이
주저앉은 어깨 처진 작은 사람

잠에서 깬 아침
눈앞에 펼쳐진 하얀 세상
밤새 누군가
조심스레 다녀가며
선물로 남기고간
반짝이는 은빛 물감 부어 놓은
감추어진 정물화 담은 풍경화

비겁하게 숨어버린
일상의 모습들을
하나 둘 끄집어내
자리를 잡게 하는
바쁜 손놀림

직접 찾아가
그림 속에 나로
들어가 앉으리.

동행

순간순간
나의
마음 밭에 뿌려지는
부끄러운
글귀들이
외로이
먼 길 가는
나의
행보에 늘 가까이 머물러
거칠어진
마음자리에
위안과
평안이 되기를
바라는 마음이다.

2014. 07. 마지막 날에

서해바다 한켠에서

석문 방조제와 서해대교가 멀리 바라다 보이고 서해에서 유일하게 일출과 일몰을 둘 다 볼 수 있다는 왜목 마을이 지척인 또 하나의 별세계 충남 당진 현대 제철소 나무 한 그루 풀 한포기 제대로 숨 쉬며 살수 없는 곳 붉은 철가루 바람이 부는 불꽃 튀는 현장 속 검붉은 땀 고단한 삶을 사는 이들에 섞여 또 다른 인생을 배우며 노년으로 들어선 길목을 기웃거리는 중일세

묘한 매력이 살아있는 곳일세

'방랑 식객'이라는 범상치 않은 명패를 들고 구름 따라 바람 따라 자연과 하나 되어 흐르는 삶속에서 신선이 된 듯 하얗게 물든 머리를 하고 안경너머로 어린아이 닮은 해맑은 웃음 잃지 않은 지호 형의 진한 삶에 박수를……

또 다른 시작 앞에 선다

무언가 큰 이끌림에 떠밀리듯 나아가는 행보
가리워진 장막을 서서히 거두는 손길 뒤편
어둡고 공허한 울림뿐인 불모지에
새 生命의 씨앗을 뿌려 활착시키는
기적을 만들어 내야 하는 거부할 수 없는 요구

괴리와 술수가 통하지 않고
변명과 여유가 필요 없는 지상 명령처럼
살아 있음에 행해야 하고
풀어 낼 수밖에 없는 고차 방정식
우리 앞에 와있다
내 앞에 와있다

모호한 기운에 감싸인 함정 속에서
맺음과 풀림의 끈
그 실마리를 찾아 자연스레 이어주는
고급스런 추임새가 필요한
이제는 오리무중 속에
굳게 닫힌 미완의 세계 언저리에
더 이상 머무를 수 없는 연배

맞물려 돌아가는 톱니바퀴의 당연한 이치를
외면하는 우를 범하지 않는 삶
조각 하나하나를 놓침 없이 맞추어나가는
다시는 소유와 누림을 허락지 않을 나날

현란하게 움직이는 장인의 손놀림
흉내 정도라도 내보려는 욕심은 금물

엇나가고 와해되어 흔적조차 찾을 수 없는
실패한 삶의 한부분에 크게 자리해
세상 다하는 날까지 곁을 맴돌며
기억되는 아픔으로 남게 하지 않으려
주어진 時間 최선을 다하리라

지금 우리는
또 다른 시간 앞에 서 있다.

어느 봄날

삭풍 속 겨울을 뚫고
흐드러지게 피어나
넉넉한 봄소식 안겨주고

生을 다하는 마지막 순간까지
우아한 자태 잃지 않고

꽃비 춤을 추며
땅위로 사뿐히 내려앉은 벚꽃 잎

헤어짐의 아쉬운 눈물
기다리던 봄비 속에 감춰 보내고

다시 올 날 기약하며
먼 길 떠날 채비하네

어젯밤 뉴스 속
팔공산 벚꽃 길의 카메라 셔터 앞에도
따사로운 햇살담은
한강변 가족들의 단란함 속에도

봄의 한가운데 봄을 즐기는
봄 산행의 길고 긴 행렬 속에도

마음속 깊이 화사한 꽃 피울 날
애타게 기다리는 우리가 함께 있었습니다.

2부
_꼬맹이 우리 아들

겨울 산속의 아찔했던 기억

한라산, 지리산, 설악산, 덕유산, 계방산, 태백산, 황악산, 영남알프스(신불, 간월, 영축) 등이 우리 집 꼬맹이가 입에 달고 사는 일천고지가 넘는 우리나라 산들의 이름이다

대구에 인접한 경산이라는 자그마한 도시 한켠의 초등학교 5학년 학생인 녀석은 내 나이 쉰에 얻은 세상 구경나온 지 열두 해째 되는 늦둥이다

세 살 때부터 산을 좋아하는 아빠를 따라 경주 토함산을 시작으로 산행을 시작한 녀석은 설악산 울산바위에서 미끄러져 십년감수하게 하고, 선자령에서 OO산 가는 길에서 눈 속에 빠져 죽을 고비를 넘기는 몇 번의 아찔한 경험을 하면서도 보통의 어린아이라면 상상할 수도 없는 16시간이 넘는 설악산 무박산행과 우중의 지리산, 겨울 한라의 윗세오름 등 정직한 도전정신으로 포기의 유혹을 극복하고 진하게 흐르는 땀에서 인내에의 교훈을 얻으며 딛고 일어서 보람을 찾는 기쁨이 얼마나 큰 것인가를 몸소 체험해서인지 여행과 산행이라면 자다가도 벌떡 일어나는 꼬맹이 산 매니아가 다 되었다

막바지 추위가 맹위를 떨치던 3년 전 겨울, 녀석과 경북 김천의 황악산을 찾게 되었다 응달진 곳에는 아직 꽤 많

은 양의 잔설도 남아 있어 조심스럽게 시작한 산행은 사람들 발길 뜸한 한겨울 직지사의 고즈넉함 속 대웅전 앞 무사산행 합장과 OO공원의 넉넉함을 뒤로하고 형제봉으로 이어지는 가파른 등산길로 택해 진행되었다. 조금은 무리이다 싶긴 했지만 할 수 있다는 각오로 아들 녀석과 무언의 눈빛을 교환하며 턱까지 차오르는 깔딱 고개를 힘겹게 오르는 것을 끝으로 백두대간의 길목 형제봉에 도착했다 따끈한 차 한 잔과 함께한 꿀맛 같은 휴식을 마치고 한식경 만에 지척에 당당히 버티고선 황악의 정상을 밟을 수 있었다

가을이면 빠알간 고추잠자리의 군무가 장관을 연출해내는 1,111m, 겨울 황악의 정상 앞에 선 우리는 살을 에이는 세찬 바람을 온 가슴으로 안으며 만족스런 미소로 하이 파이브를……
자리를 옮겨 헬기장 근처 아늑한 곳에서 식사를 마친 우리는 서서히 어두워오는 하늘이 심상치 않고 직지사 입구에서 두 시간 정도면 되는데 길이 어떤 상태일지 알 수가 없어서 더 늦기 전에 하산을 서둘러야 했다

그 하산 길에서 나는 사랑하는 아들 녀석을 잃을 뻔 했다

식사를 위해 벗어 놓았던 옷을 챙겨 입고 등산화 끈을 묶어 정리하고 배낭끈을 당겨 조이고 모자와 장갑 스틱까지 챙겨 잡고 조심스레 시작한 하산길이 5분도 채 지나지 않아 사고가 일어난 것이다 가파른 경사면의 좁고 미끄러운 응달진 구간을 지나면서 앞서가던 나를 뒤따르는 꼬맹이

녀석이 걱정이 되어 "송원아 길이 많이 미끄럽다 조심해라" 하며 돌아본 순간 믿을 수 없는 사태가 발생한 것이었다 사랑하는 아들 녀석이 눈 덮인 경사면을 따라 굴러 내려가는 것이 아닌가? 바로 눈앞에서 보고 있으면서도 믿을 수 없었던 일이 일어난 것이다
거의 10M쯤 한참을 굴러가던 녀석이 무엇에 걸렸는지 한 지점에 멈춰서 미동도 없는 것이었다

'아! 이렇게 해서 산악사고가 나는구나!'
'이곳 황악산에서 늦둥이 아들 녀석을 잃는구나'
그 순간 왜 그런 생각이 났을까?

믿을 수 없는 소식 받아든 아이엄마의 표정과 기절해 쓰러지는 모습이 클로즈업 되면서 머릿속이 하얗게 비어 아들녀석 이름만 중얼거릴 뿐 아무것도 하지 못하고 서있는 나를 발견 할 수 있었다
잠시 후, 겁에 질린 내가 정신없이 아들녀석의 이름을 불러대자 기적처럼 고개를 번쩍 드는 녀석, 나와 눈이 마주치자 얼마나 놀랬는지 하얗게 질린 녀석이 울지도 못하고 손과 발을 바둥거리며 미끄러운 경사면을 기어오르려 하는 순간 녀석이 멈춘 곳의 아래쪽을 보게 된 나는 벌어진 입을 다물지 못하고 화석이 되어 버렸다

아들녀석이 굴러가다 천운으로 나무 그루터기에 걸려 겨우 멈춘 것이었는데 그 아래는 수십 길 낭떠러지가 기다리고 있던 것이었다 행여 발을 잘못 디뎌 미끄러지기라도 하면 정말 돌이킬 수 없는 사태가 발생하게 될 일촉즉발의 순간이었다

정신이 들어 나와 눈이 마주치자 본능적으로 나를 향해 움직이려는 녀석, 식은땀이 흐르고 침이 말라 목소리도 나오지 않았다 안심시키려 편한 눈으로 녀석과의 시선을 놓치지 않으려 애쓰며 "아빠가 갈께 움직이지 말고 꼼짝 말고 있어" 강한 명령조로 쉬지 않고 소리를 치며 안정을 시켜서 마침 늦게 하산하던 부부의 도움을 받아 구출에 성공할 수 있었다 정신이 없어 감사하다는 말도 변변히 못한 도움을 주셨던 젊은 부부께 정말 고마웠다는 인사를 전하고 싶다

안전한 곳으로 이동해서 안도의 숨을 쉬며 살펴본 녀석은 많이 놀라기는 했지만 배 쪽에 작게 긁힌 자국 외에는 크게 다친 곳이 없었다 가슴을 쓸어내리며 산을 내려올 수 있었다 그렇게 산악사고의 심각성을 몸으로 느낀 값진 기억으로 우리 부자에게 오래도록 남아있을 것이다

굴러가면서 마치 꿈인 줄 알았다며 마치 무용담처럼 얘기하는 꼬맹이 녀석은 지금도 산행을 하면서 급경사면의 등산로를 지날 때면 예전의 아찔했던 기억이 되살아나는 듯 긴장하는 모습을 보이긴 하지만 그 후로도 산을 찾은 것만큼은 사양하지 않는 나의 든든한 산행 파트너로 적극적 사고방식을 가진 건강한 아이로 잘 자라주고 있다

지금도 그때를 생각하면 한 여름에도 오싹함을 느끼는 겨울 산속의 소중한 경험으로 남아 있다.

굴렁쇠의 추억

역사도 人生도
돌고 돌아 만들어 내는 사람들에게
허락되어진 신의 선물인가

88올림픽 잠실운동장
푸른 잔디밭을 구르던 굴렁쇠
온 국민의 추억과 정겨움을
끌어내고 모으던
작지만 크고 벅차게 다가왔던
아련한 기억이
이십 육년 전으로 되돌려 놓는
업그레이드된 굴렁쇠가 주는 반향을
아프게 흐르는 삶을 딛고
짧은 순간이었지만
치유와 희망을 맛볼 수 있었다

아세안이 한자리에 모였다

마흔 다섯 나라에서 온 저마다의 선수들이
한자리에 모여
나라의 명예와 자신의 도전을 통한 완성을 위해

훈련해온 기술과 기량을 풀어
축제 속 소통 한마당의 춤꾼이 된다

하늘 길과 바닷길 세계로 통하는
길목이자 관문인 인천항과 인천국제공항이 있는
인천에서 펼쳐지는 아시아 최고의 스포츠 축제

경기장을 열광의 도가니로 만들어 내는
건각들의 손에 땀을 쥐게 하는
박진감 넘치는 투지가 살아있는 경기와
응원하는 함성 어우러져 하나 되게 하는 힘이
그곳에 지금 있다

인간의 한계에 도전하는
사력을 다하는 모습에서
일생에 한 번도 잡기 어려운
값진 기회 놓치지 않으려
허망하게 놓아버릴 수 없어
입술 깨물어 각오를 다지는 눈빛과 몸짓에서
우리는 인가의 역사를 인생을 다시 배운다.

2014. 9 인천아시아 경기대회 기간

금연

이어지는 상념에
잠 못 이룬다는 핑계로
끊지 못한 담배를 찾아
아파트 계단 창문 앞에 선다

국자모양의 일곱 개의 별
북두칠성이 잡힐 듯 눈앞에 있다

깊이 잠든 꼬맹이 깨워
그 앞에 세우고서
가르침 하나를 실천했다는
만족을 만든다

그 후,
맑은 날 저녁이면
창가에 서서 북두칠성을 찾는
아들 녀석 발견하고
손에 쥔 담배와 라이터를 놓는다

더 많은 별자리 찾아내는
녀석의 꿈이 커가는 공간으로
미련 없이 자리를 내어 주어야……

손님

이틀째인가
추적추적 내리는 빗속에
외로움 막막함 고달픔 모두
정성스런 화장기
뒤에 애써 감추고

먼 길 꽤나 긴 날 떠나있을
아들 녀석 앞세우고 창 너머 선사람

나이 들어가며
여린 몸과 맘으로
힘겹게 부딪쳐온 짧지 않은 시간을
늘 가까이 머물러 떠날 줄 모르는 아픔 덩어리들

잘라내면 또 자라나고
없애고 돌아서면 다시 모습을 드러내
떡 버티고 서서
독한 종기처럼 아프디 아프다

지워지지 않을 흉터로 남아
人生의 업보로 남아 있을 인연 인연들

작은 힘이라도 보태보려 애써 보지만
아직은 놓아주지 않는 싸늘한 현실

꼬맹이 우리 아들

새로운 천년이 바뀌고 삼년의 세월이 더 흐른 서력기원후 2003년 11월 28일은 늦둥이며, 복동이 꼬맹이 金松源이 세상에 태어난 날이며 생일이다. 너의 삶 전부를 통틀어 가장 편하게 머물던 시간인 엄마 뱃속 아늑한 요람 속 쉼터에서의 풍요롭던 자리를 뒤로하고 세상을 향해 너의 존재 드러내는 우렁찬 울음소리를 타고 우리 곁에 왔다.

엄마 아빠가 부부라는 이름으로 만나 가장 힘들었던 시절에 어쩌면 기적처럼, 생각지도 않았던 선물처럼 위로와 감사와 기쁨의 아이콘으로 와준 너로 인해 우리는 암울한 시절에서 서서히 빠져 나올 수 있었다 마냥 기뻐하고만 있을 수 없는 형편이었지만 살아내야 할 의미와 앞을 볼 수 있는 눈을 갖게 해주었고 네가 태어나기전의 우려를 말끔히 씻어준 축복이었단다.

돌잔치에서 손에 잡았던 실과 연필 그리고 공책은 커가는 너의 모습에서 하나씩 너를 만들어주는 소중한 의미로 작용하는 듯, 훌쩍 커 보이는 키에 까무잡잡한 얼굴로 반가움 숨긴 어색한 얼굴로 두 달여 만에 만나는 녀석. 가리워진 아크릴 판 너머로 한번 안아볼 수도 없는 어찌 할 수 없는 현실

"잘하고 있지 아빠가 함께 해주지 못해 미안!"

미안하다는 말밖에 하지 못하는 아빠 앞에서 아빠 마음 아플까봐 마음 놓고 울지 못하는 녀석, 눈치를 보다 안경 너머로 보이지 않게 흘리던 눈물 닦아내는 꼬맹이, 어른이 다 되었네!

너의 성장 파트너로 곁에 머물며 "아직 보여주어야 할 곳도 많고 함께 가 보아야 할 곳도 셀 수 없고 해주어야 할 얘기들도 쌓여있는데"
늘 함께 하려 했던 작고 소박한 꿈도 조금은 뒤로 미루어야 할 것 같구나. 가까운 장래에 소망이 이루어지길 바래 보며……

두 살 때, 네 살 때 꼭 쥐고 태어난 주먹이 활짝 펴지지 않는 가운데 손가락 협착제거수술과 칠년 같았던 일곱 시간 반의 피를 말리는 시간에 걸쳐 행해진 쓸개 제거 수술 이후 미안하던 마음보다 요즈음의 미안함이 더 큰 아픔이다.

세 살 어린나이에 경주 불국사 입구에서 약수터와 석굴암을 거쳐 토함산 정상에 이르는 첫 산행을 시작으로 한라, 지리, 설악, 덕유, 태백, 영남알프스, 대관령, 선자령, 황악산 경주 남산에 이르기까지 일천 미터가 넘는 산의 정상을 당당히 밟으며 끝없는 도전과 참음과 인내의 소중함을 몸으로 배우며 만났던 많은 사람들과의 나눔의 정과 대화를 통해 생각을 키워온 너의 적극적인 성품에 아빠는 박수를 보내면서도 때로는 냉정하게 스스로를 책임질 수 있게 훈련시키며 외면했던 아픔도 있었음을 너도 어렴풋이 알리라 믿는다

눈보라와 진눈개비 속을 가다, 서다를 반복하며 해냈던 겨울 제주 윗새오름 신행 후 서귀포 천제연 폭포 근처에 배낭을 품고 흑돼지 삼겹살, 해물된장, 연포탕, 한라봉, 천혜향, 엄마에게도 택배.

태풍소식에 예정된 일정을 줄여 도동에서 코끼리바위까지 나리분지에 이르는 울릉 일주로와 독도 경비대장님과 기념촬영으로 만족하고 성인봉 등반을 후일로 미루고 묵호항으로 돌아왔던 아쉽기만 한 울릉도 여행.

온몸으로 비를 맞으며 지리산을 오르던 성삼재, 노고단, 반야봉。운해 속에 머물렀던 환상적인 산행 후 구례 화엄사

한여름 무주 구천동에서 오른 덕유산 정상 찍고 설천봉 전망대 휴게소에서 담벽을 오가는 다람쥐들과 적상산을 마주하고 살아 숨 쉬는 넉넉한 내 덕유의 골짜기와 함께 호흡하며 맛있게 먹었던 돈까스는 셀프서비스!!

어필락 아저씨와 통영(충무)에서 뱃길타고 찾았던 소매물도의 바닷길 열리던 등대섬 선착장 학꽁치 낚시

강구항(해맞이 등산로)에서 고래불 해수욕장까지 64km 블루로드의 잊지 못할 바닷길 산행과 영덕대게의 게 맛!

이도령과 춘향의 얼 살아있는 광한루, 춘향테마파크, 남원 우주천문대의 우주선체험, 농악한마당(노천극장), 남원 추어탕의 기억 남원 여행

하동 화개장터에서 쌍계사까지 벚꽃 십리길 참게탕 맛도 일품

서해에서 유일하게 일출과 일몰을 함께 볼 수 있는 곳, 당진 왜목마을의 새해일출과 안면도, 꽃지 해수욕장

용두산, 백화점 롯데의 환상적 물 쇼, 태종대 유람선, 자갈치 회 센터의 개불, 멍게 해삼 산낙지, 해운대의 아쿠아리움과 잔치국수, 범어사를 지나 오른 금정산까지의 부산여행

눈 덮인 경포대 해수욕장에서 1박을 하고 시작한 강릉여행, 오죽헌(율곡 이이와 신사임당)을 시작으로 허난설사랑, 악기박물관, 초당마을의 순두부, 하조대, 낙산사, 삼팔선전망대, 갈 수 있는 최북단 고성까지 아쉬운 발길 돌려 엄청난 눈보라 속 정동진 일출을 함께한 2층 카페, 모래시계를 뒤로하고 마침표.

일일이 다 기록할 수 없는 수많은 기억들을 더 값지게 이어갈 수 있는 날이 가까운 장래에 도래하기를 간절히 바래보며.

2014. 7. 22(꼬맹이 다녀간 날에 아빠)

무지개가 보고 싶다

빨강 주황 노랑 초록 파랑 남색 보라 일곱 가지 색깔이 환상적으로 어우러져 만들어진 일곱 빛깔 에어쇼 제마다의 색깔 속에 자연의 신비함과 조화로움을 담고 행운을 주듯 예고 없이 찾아와 삭막하기만한 우리마음의 밤에 일곱 빛깔 곱고 포근한 목화솜이불 깔아주고 잠시 머물렀다 홀연히 사라지는 신비한 전령사.

어느 해인가 꼬맹이와 제주여행을 마치고 돌아오던 길 세차게 내리던 비 멈추고 바람 몹시 불던 날 비행기 트랩을 오르며 만난 무지개 이륙하는 비행기를 감싸 안듯 따라오며 헤어짐을 아쉬워하던 무지개와의 벅찬 만남의 기억이 새롭다.

요일에 이름처럼 색깔을 붙여 준다면 어떤 색깔이 어울릴까? 일요일은 한주동안의 수고를 끝내고 쉬어도 좋다는 파랑, 월요일은 활기찬 시작을 알리는 늘 푸른 초록, 화요일은 계획하여 진행하는 일이 서서히 자리 잡으며 기대를 갖게 하는 주황, 수요일은 가장 왕성한 움직임이 필요한 날로 빨강, 목요일은 서서히 마무리 전단계로 진입하며 적당히 긴장할 남색, 금요일은 목표달성을 이루고 기뻐하는 보랏빛 소식, 토요일은 쉬면서 돌아갈 준비를 하는 노란불, 무지개를 먹고 사는 일에 비유하는 많은 세월을 살아버린 삭막해진 감정의 한계에 닫혀 있을 수만은.

세상이 오염되어 못살겠다고 예전의 무공해 넘쳐나던 시절로 돌아가 살수 없듯이 지나온 시절이 마음에 차지 않는다 하여 지워버리고 삶을 돌이켜 다시 살수는 없는 법. '청춘이란 인생의 어느 한 시기가 아니라 마음가짐을 뜻한다. 굳은 의지 풍부한 상상력 불타는 정열 꺾이지 않는 용기 만족할 줄 모르는 모험심이야 말로 청춘이다. 인간은 나이를 먹는다고 늙는 것이 아니다. 꿈을 잃었을 때 늙는다. 세월은 피부에 주름살을 더하지만 정열을 잃으면 마음이 시들게 된다.' 사무엘 울만(Samual Ullman)의 청춘(Youth)이라는 詩중의 한부분이다.

일곱 빛깔 무지개는 누구에게나 뜨고 보여지는 게 아니다. 힘들지만 꿋꿋하게 꿈을 잃지 말고 꺾이지 않는 용기를 가지고 주어진 삶을 열심히 살며 최선을 다하는 이에게 주는 일곱 빛깔 예쁘게 포장된 격려와 관심 속 자연의 값진 선물이다.

사랑하는 꼬맹이 아들이 지금 지나가는 삶의 소중한 자리

(네가 살고 있는 지금이 최고의 시간이다)

작지만 커다란 나라 대한민국
송원이가 태어나고 자라고 커가며 살아야할
우리나라의 구석구석을 찾아
함께 떠나고픈 마음 굴뚝같은 것은
우리아들 송원이도 하나이리라

아직 가보지 못한 많은 곳들을 돌아보고
처음 보는 사람들을 만나고
그 고장의 얘기를 듣고
그 고장의 냄새에 젖고
자랑거리, 맛집, 특산품도 알아가며

그 속에 살아있는 역사가 꿈틀거리고
그 속에 우리조상들의 삶이 진하게 녹아있고
그 속에 우리민족의 얼이 살아있어
우리가 살아가는 생각의 뿌리가 되어 넘어지지 않고
지탱할 수 있는 힘이 되는 것이다

무엇과 비길 바 없는
소중하고 값진 수업이며
현장체험 학습이다

예전에 알지 못하던 것들을 알아가고
느끼지 못했던 것들을 스스로의 것으로 만들며
받아들이고 정리해 마음속 깊은 곳
지식과 경험 창고에 차곡차곡 쌓아두어
두고두고 감사하며
꺼내어 쓰는 기쁨 맛볼 수 있으리라

살아가는 어느 한순간이 소중치 아니할 때 있으랴만
살고 있는 살아있는
지금 이순간이 최고의 시간임을.

아빠 누가 뭐라 해도 나는 아빠를
믿어 늘 아빠 곁에 있었고
또 아빠를 잘 아니까

– 늦둥이 아들이 나에게 해준 말–

세상의 *法*이 어떤 잣대를 들이대
정죄를 하더라도 겸손한 마음의 무릎을 꿇고
받아들일 준비를 해야 하겠습니다

다섯 해 전
간암의 폐 전이로 세상을 뜨신
선친의 마지막 몰아쉬던 숨
허무하게 놓으시던 모습을 보며
'이렇게 가시려고 그 긴 세월 힘겹게 사셨습니까' 라는
생각에서 벗어나기까지 긴 시간이 필요했습니다

병간호를 시작으로 할아버지의 임종, 장례절차, 산소에
모시는 순간까지 묵묵히 저를 따르며
할아버지와의 이별의식을 담담하게 치러 내던
일곱 살 어린 녀석이 올해 열두 살이 되었습니다

그리고 지난 5월 6일 폐암으로
55세의 나이에 아버지 계신 곳으로 떠난 동생 장례식 때
재판부의 배려로 귀휴를 허락받아
제가 늦게 도착할 때까지

빈소를 지키던 또 한 번 저의 버팀목이 되어준
의젓한 녀석이 저를 믿어준다고 하는데
더 이상 무슨 바램이 필요하겠습니까

남은 생을 녀석의 파트너로 살며
이제는 한 몸이라 할 수 있는 평소 좋아하는 산을 찾아
사진과 글을 만들어 내며
자연 속에서 살려고 합니다.

편안한 마음으로
지금의 심경을 전해 올립니다.

한 조각의 휴지

지푸라기 꽁무니를 다섯 손가락
갈퀴모양 만들어 훑어낸다
밑 닦을 부드러운 부분
한 뭉치 손에 쥐고
이마를 찡그리며 코를 감싸고
뒷간으로 향하던 코흘리개 시절이 있었다.

국민학교 입학해서 활짝 열린 공간
사내 녀석들 나란히 서서
고추 꺼내 오줌 누는 곳과
두 길은 넘을 듯 깊기만 한
가림막으로 가려진 냄새 지독한 큰일 보는 곳으로 나눠진
학교에 있는 변소에는 구부러진 굵은 철사에
누군가의 손에 가지런히 잘려 나란히 끼워진 네모난 신문지가
재활용의 시작을 알리는 휴지 대용으로……

그 시절에는 소금으로 이빨을 닦았다
미역 감던 동네 앞 개울가
희고 부드러운 모래를 소금인양
한 움큼 입에 넣고 상하는 줄도 모르고
하얀 이빨 기대하며 문질러 대던 기억도 새롭다

그 시절엔 그랬다
돌박에 넘어져 무릎이 깨지고

이마에 피가 튀어도 호박잎에 된장 발라 척 붙이면
며칠 피고름 나다 딱쟁이 앉고 낫는다
만병통치약 천지였다

홍시 한개 까먹다가
부침개 한쪽 얻어먹다가
훌쩍이던 코 혀로 낼름 빨아 먹어도
코피가 터져 뚝뚝 떨어져도
언감생심 휴지가 어디 있는가
소매를 두어 무엇에 쓰리
맨질거리며 윤이 나도록 사용하고 또 사용……

경부고속도로가 뚫리고
새마을 운동 노래가 온 나라에 울려 퍼지며
함께 찾아온 하이얀 두루마리 휴지
발암물질 들어있다던 먼지 푸석거리던 휴지에서
엠보싱에서 화장솜에 이르기까지
친환경 소재 사용 사각통 고급티슈 외에도
냅킨이라 이름 붙인 외국물 먹은 수백 가지 제품이
손만 뻗으면 잡히는 세상

진정 지우고 닦아내야 할 것들이 너무 많은데
거기 맞는 휴지를 찾을 수 있는 날이
오기는 올까하는 의구심이 자꾸 든다

한조각의 휴지에서 푸른 숲을 걱정하는 마음
나무를 보는 눈을 갖는
우리 되어야 하지 않을까.

오늘 하루도

밤새
지나온 삶속을 헤매이다
현실을 알리는
부스럭거림에
무거운 몸을 일으킨다

행여 만나길 기대했던
꿈속에서의 조우도
꿈으로 마무리 되고

작은 기대
세워진 시간 안에
종종 걸음 치며
다가와 주길
희망하는 힘으로

오늘 하루도
버텨 보려는
몸짓
마음 짓

(꼬맹이한테 편지가 출발했다)

숙제

마음이
무거워지는 단어

진땀으로 곤욕 치른 뒤
손에 쥔 보상이
서생원 꼬리만큼

아니하면 속 끓이고
하고나면 본전치기

미루다 하지 못해
경을 치는
괴론 경험 떠올리며
쓴 웃음 짓는

풀어 내야할
또 하나의
난제……

2014. 9. 5

3부
_소중한 사람

무제

(아우에게서 첫 편지 받는 날
그 편지 개봉 전에 보내려고 쓰는 글)

잘 도착해 누울 곳은 정하셨나?

무언가 챙겨 주고 싶은 마음 굴뚝같았지만
하찮은 것 외에는 줄만한 게 없어
섭섭하게 맨손으로 보낸
작은 작별이 또 하나의 아픔으로 자리해 남아있네

원치 않는 곳에서 보내야할
2년이라는 긴 時間앞에서
통곡하고픈 맘 참고 또 참으며 가고 싶지 않은 길
어쩔 수 없는 과정 속으로
몸을 맡기는 안타까운 아우의 뒷모습이
아직 내 눈앞에 있네
잠을 청해 보지만 헛일 일세
한사람이 빠져 나간 자리가 이렇게도 크단 말인가?

머릿속이 하얗게 텅 비던 날
순간적인 자리 이동으로 머물게 되어
벌써 두 달여 나의 몸이 꿈꾸듯
보낸 자리에서 만난 첫인상이
차돌처럼 단단해 보이던 사람

베풀 것은 베풀고 챙길 것은 당당하게 주어진 몫을
확실히 챙길 줄 알 것처럼 보이는 사람
야무지게 자신의 인생을 호령하며
당차게 삶을 꾸려 왔을 듯한 사람
큰 흐트러짐 없이 자제와 중도의 깊은 뜻을 실천하며
부모님의 든든한 버팀목이었을 것 같은 사람이
이 곳에 왜 있을까?

과거는 과거로 묻어두세
그리고 이제부터라도 못다 했던 걸 시작하시게
늦었다고 생각할 때가 가장 빠를 때라 하지 않던가?
절대 늦지 않았네.

밀랍인형 부스러지듯

새싹이 움트는 조심스런 소리 꽃이 피어나는 화사한 소리 벌과 나비 먹이 취하며 감사하는 소리 산천초목 아울러 휘돌아 안고 도는 바람소리 새소리 벌레소리 물 흐르는 소리 살아있는 모든 소리 평온한 숨소리 아스라이 들리는 자리 한 발자국 뚝 떨어진 미움도 아픔도 갈등도 아귀다툼도 몸과 마음 함께 무너지는 청천벽력도 없는 자리에 아무런 생각도 없이 뻥 뚫려 뛰는 심장도 필요 없고 뜨거운 피 차갑게 식혀 붙잡아 두지 않아도 되는 머리끝부터 발끝까지 구석구석 남아있던 따뜻한 온기마저도 지킬 필요조차 없는 날카로운 송곳 파고드는 아픈 헤어짐도 더 이상은 없는 자리 눈물범벅 외마디 비명 속 흐느낌도 찾아볼 수 없는 곳으로 모두 다 비우고 모두 다 지우고 모두 다 내려놓고 질기디 질기게 이어지던 정까지 끊어 함께 했던 많은 것들 잠재워두고 답답하고 안쓰러움 가득 담고 넘쳐흐르는 눈물 속 흐려진 시야사이로 바라보이는 가기 싫고 싫은 길 내딛기가 힘이 들고 막막하여 놓아 버릴 수 없는 마지막 生命의 끈 부여잡고 누군가를 기다리듯 한곳만을 응시하는 그 눈길 따라잡고 깊은 이별의 안심언어 던져주고 감아 들여 포기치 못한 미련의 꿈 대신 잡아주고 감기지 않는 눈 억지로 감기우며 오열하는 가족들만 남겨둔 채 이제는 정말 혼자 영원히 아픔이 없는 곳 쉼터로 향하는 길 문턱을 넘는 힘겨운 발걸음 그 첫 발자욱에

내 마음 깊은 위로 담아본다

실감나지 않는 허망한 이별 앞에 널부러져 흩어진 부끄러운 마음조각들 추스려 볼 힘조차 없어 피워둔 쓰디쓴 담배 연기 속에 모아졌다 흩어지는 사랑하는 동생의 모습이 짧게짧게 이어지는 과정이 너무나 아쉽게 빠른 속도로 지나가는 활동사진처럼 안타까이 내미는 손짓조차 외면한 채 얄미우리만치 잘 짜여진 시나리오 속에서 춤을 추듯 매끄럽게 순서를 정해 치러내듯 자리이동을 하며 서럽디 서러운 영원한 이별을 이제는 해야 한다 이야기 하네

뜨거운 불속 밀랍인형처럼 부서져 마지막 야속한 순서 추모관 한켠 작은 항아리 겨우 들어가는 공간 그곳에 아직 온기 남은 동생의 마지막 숨결을 느껴보는 것을 끝으로 작별을……

겨우 이리 좁은 공간 차지하고 누워 있으려 그 먼 길 헐떡이며 무너지고 넘어지며 상처투성이 만신창이 삶 추스르며 달려 왔는가

가는 모습 눈앞에서 보고서도 믿기지 않고 보내줄 수 없는 안타까움에 어리광 부리듯 누구이든 누구에게든 매달려 보고픔은 온전한 헤어짐의 흉내조차 내지 못한 죄스러움 때문인가

가려거든 가시게 붙잡지는 않겠네 붙잡지 못 하겠네 아니 뭐라 말할 수도 없이 감겨오는 내 혀끝에 경련이 이네

일상으로 돌아와 자리 잡고 앉아서 허전함 채워보려 이것저것 집적거려 보지만 아무것도
의미를 부여할 수도 찾아낼 수도 없음에 무기력한 날만 세고 있네
종이위에 내 맘조차 담을 수 없네.

선지 해장국

명절 내내
기름으로 범벅이 된 장청소를 핑계로
지인과 함께 찾은 시장골목 해장국집

양곱창과 우거지가 어우러진 개운한
선지해장국 안주 삼아 담소 나누며
소주 한 병씩을 비워낸다

다정하게 손잡고 들어선
팔순은 됨직한 옆자리 노부부
소고기 국밥 한 그릇을
나누어서도 다 비워내지 못한다

'한 입만 더'
식사 내내 서로를 챙기는
애틋한 정겨움 속에
긴 세월 함께해 온 연륜 속 진한 사랑이 묻어난다

집을 향하는 두 사람의
뒷모습에서 어디에서도 찾아보기 힘든 평온을
부러움 묶어 건강을 기원해보며
오늘 더 특별히 맛있는
해장국집을 나선다.

소중한 사람

큰 욕심 내지 않고 성실하게 노력한 만큼의 댓가로 주어진 것에 만족할 줄 알며 열심을 다해 살아온 사람, 함께한 날 중에 좋은날 이라고는 손으로 꼽을 정도이고 힘들고 고달팠던 먼 길 걸어오면서 지치고 망가진 몸과 마음, 이제는 서서히 안주를 준비할 즈음이어야 하는데 오히려 크게 다친 상한 마음을 안고 막막하고 아득하여 얼마를 더 가야 끝날지 모를 겁이 나는 길을 위태로이 가고 있는 가없은 사람, 상한 자존심을 부여잡고 주변에서 걸어오는 말 한마디 눈길조차도 애써 태연한척 외면하며 꿈인가 생시인가 외로운 싸움에 지쳐가는 미안하고 가슴 아파하는 사람, 모순투성이의 날들이 내게 오지 않았다면 하는 아쉬움에 시간이 지날수록 너무 가슴이 아파 견디기가 너무 힘이 들고 아주 작은 것 하나도 해줄 수 없고 미안함조차도 전해줄 수 없는 지금의 내 처지가 머무는 자리에서 보내는 시간 사이사이 심장에 비수처럼 파고들어 영원히 아물 수 없는 상처를 건드리곤 한다.

각기 다른 성격의 네 아이를 기르며 긴장 속 노심초사 하루도 편할 날이 없으면서도 묵묵히 자리를 지켜내며 순응하려 노력하고 사는 사람, 성격은 급하지만 결정은 신중하게 하는 사람, 특별한 일이 없으면 약속은 정확히 지키는 사람, 요즈음 색소폰 연주는 여러 가지 감정이 섞여있을 취미로 배운 실력이 제법 수준급인 사람, 깊은 산골에서 태어나 산전수전 다 겪으며 오십 해 가까이 살았으면서도 시골티를 다 벗어버리지 못하고 직접 운전하는 차 아닌 다른 움직이는 것을 타면 아직도 멀미를 하는 사람, 손으로 하는 일은 남보다 두 배 빨리 배우고 두 배 빨리 처리해 내는 사람, 겁이 많아서 병원갈일 생기면 삼일 전부터 주사 맞을 걱정에 소화불량에 잠도 잘 못자는 사람, 아무리 늦어도 잠은 집에 와서 자야 편한 사람, 장모님 담궈 주신 김치 하나면 밥 한 그릇 뚝딱 해치우는 사람, 무에서 유를 창조하듯 넘어질듯 쓰러져 못 일어날 듯 다시 털고 일어나는 오뚜기를 닮은 사람, 소주한잔만 마셔도 온몸이 홍당무 되어 잘 자리 찾는 사람, 천리 길도 한걸음부터 라는 속담이 몸에 배어 실천하며 사는 사람, 없으면 쓰지 않는 사람, 늘 준비하며 원칙을 세워놓고 지키려 기를 쓰고 노력하며 사는 사람, 사귀어야 할 사람과 그렇지 않은 사람을 삼분 안에 결정하는 사람, 형편에 맞춰 꼬박꼬박 제사를 지내는 조상님께 복 받을 사람, 매정한 듯 찬바람이 일 때도 있지만 정에 약해 끝내는 외면하지 못하는 사람,

내 당신에 대해 모든 것을 다 안다고 생각하며 살았는데 적어 내려가다 보니 허전하며 뭔가 핵심이 빠진 듯 찬바람이 휑하니 부는 것을 느끼네. 무심하게 살아온 지난날의 부족함과 모자랐던 관심과 사랑 몇 배로 더해 함께 하기 위해 차근차근 준비해 보려하네 부끄럽고 미안해서 더 쓸 말 찾을 수 없음에 이제 그만 펜을 놓아야 할 듯······

무학산 자락에서 오신 손님

여섯 개의 손가락을 하나하나 깨물어
아프다 못해 아려온다는
막내딸과의 오래전 인연의 끈으로 만나
내가 어머님이라 부르는 분이 다녀가셨다

팔순이 넘도록 평생을 육남매를 위해
노심초사 쫓기듯 시간을 아껴
나누어 쓰신 것도 모자라
마지막 남은 밑천까지 나누어 주시려
몸도 마음도 바쁘시기만 한 그분
막내 사위 원치 않는 곳에 있다는 전언에

밤새 조르고 졸라 자식 손주 앞세우고
못 뵙던 사이 한 뼘은 작아지신 듯
걱정스런 마음 가득 담은 모습으로 찾아오신 우리 장모님

푸른 수의 차림의 초라한 모습으로
그분 앞에 서서 7분 동안을 울었다

손수건을 꺼내 드시고
그마저도 건넬 수 없는 가림막 창 너머 그분도
안타까움에 끝내 눈시울을 붉히시며 고개만 끄덕이시다

아쉽게 돌아서시며 끝까지 시선을 잡고
놓치지 않으시던 그분

"어머님 죄송합니다. 이런 모습 보여드려서 잠시 이곳에
머물렀다 훌훌 털고 아무 일 없었던 것 마냥 송원 에미 곁
으로 곧 돌아 가겠습니다. 건강하십시오"

무학산 자락 중턱 한켠에 자리한 인심 좋은 동네
산 깊고 물 맑고 인심 후한 정겨운 산골마을에서
멀고 힘든 걸음하신 그분이 눈에 밟혀
한동안 아린 가슴으로 살아야 할 듯

흐르는 눈물이 시야를 가리는 틈새 사이사이로
화장기 없는 야윈 모습의 송원엄마
병준 민지 처형 그리고 꼬맹이 송원이 우리아들
하이파이브를 청하는 이모를 따라
조심스럽게 내미는 녀석의
손 하나 덥석 잡아주지 못한 것이 아쉽기만 하다

쌈지 돈 털어 선물로 넣어주신
커피와 오징어 훈제닭
함께 하는 이들과 맛있게 잘 먹었습니다.

시간의 수레바퀴

여름이 뜨거운 햇볕에 달구어지기도 전에
자리를 내어준 빗소리 몰고 성큼 다가온
풍요와 결실의 계절 앞에서
삼가 마음의 옷깃이 여며지며 숙연해 짐은
몇 번이나 남았을까 하는 소중함에 대한
아쉬움 속 구속 때문인가

겨우내 꽁꽁 얼었던 땅이
봄기운 따라 답답한 결속 풀고
숨 쉴 수 있는 땅으로
파 헤집어 주는 손길 따라 기지개를 켠다

봄과 여름은 그렇게
내 곁을 머물다 갔다.
거슬러 오를 수 없을 것 같던
험한 산도 찾아보면 분명 길이 있듯이.

이미 지나가버린 시간의 수레바퀴는
되돌릴 수 없다.
그런 한가한 시간 있거든
오늘을 준비함이 옳다

당신이 깊이 걱정하지 않아도 떠나오고
남겨진 모든 이들은 잘 살아 낼 것이고
지금도 잘 살고 있다

나가는 날 생각이전에
이제 추운 겨울을
걱정하며 준비하는
나를 보는 첫 가을날

아픈 이별을 준비하다

그리 힘들고 긴 세월이었던 가
왜 이러는 가
왜 이렇게 빨리 지우려 하는 가

너무 빨리 기억의 끈 놓아 버리지 말고 힘을 내라는 안타까운 마음조차 전할 수 없는 청천벽력 앞에 마음 추스릴 수 없어 망연자실 넋을 놓고 먼 하늘만 바라보는 내 눈동자의 초점을 맞출 곳이 없네

무언가 큰 것을 잃어버린 것 같아 그 허전함 찾아보니 우리 동생 깡마른 모습 속 퀭한 두 눈일세. 끝을 알 수 없는 통곡의 시간 혼자만의 서럽고 고통스런 끝 그 깊어진 두 눈에 담겨진 의미를 무엇을 얘기하려 다문입술 깨무는지 아쉽고 서럽게도 아프디 아픈 속마음을 내 어이 다 알겠는가?

아무리 못난 형이라도 밉고 원망스런 형이라도 기대할 것 하나 없는 형이라도 해줄 수 있는 게 하나도 없는 무능한 형이라도 모멸 차게 모른체 해버리면 못들은 척 동문서답 해버리면 날더러 어이하란 말인가

하나하나 점점 속도를 내며 지워지는 고통스러움 속에서

핏기 없는 손길 손끝으로 놓치지 않으려 발버둥치는 우리 동생 내 동생의 외롭고 힘든 싸움에 따뜻한 손 한번 내밀어 주지 못하고 흐릿해져 가는 눈빛잡고 힘 한번 실어 주지 못하고 가슴만 쳐야하는 나는 어찌 하라고 기약할 수 없고 앞을 가늠키 힘든 처지의 내가 왜 이리 작고 못났을까

아버지의 대를 이어 형과 아우의 인연으로 이 땅에 태어나 함께 한날이 어린 시절부터 헤아려 봐도 손으로 꼽을 정도로 몇 날 되지 않으니 우리도 참 어이 없이 살아 왔네 그려. 그것도 모자라 먼 길 떠나려 하나하나 준비하는 동생의 비워진 마음 한구석 채워줄 수 없는 몸도 마음도 꽁꽁 묶인 처참한 모습의 못난 형은 쥐구멍이라도……

염체 없는 바램인지는 몰라도 조금만 더 힘을 내서 기다려 주기만을 기도할 수밖에 없음을 창 너머 야속하게 지나는 바람결에 전해보네.

오두막

더할 수 없는 편안함이
지금 몸담은 쉼터에 있다

스물네 평 18층 높이 베란다 창가에서면
수만 평 너르디너른 정원을
자고새면 품에 안을 수 있는
행복한 보금자리

조금은 빠른 듯 맞이한
어색한 여유가
호사스럽게 흘러넘치는
시간 속에 머문다

학교로 일터로
제 갈 곳 찾아 비워놓은
아늑한 공간에
한숨 섞인 홀아비 냄새밖에는
남은 게 없어도
나는 이 오두막 속 삶을 이어갈 것이다.

요즈음

아무런 이룸도 이루지 못하고
어떤 명쾌한 해답도 받아내지 못하고
살아 내버린
망가진 예순 해

요새 들어
자꾸만 남은 세월 몇 날일까
손꼽아 보는
불편한 헤임의 버릇 생겨나
시도 때도 없이
낮 밤 새벽녘 가리지 않고
아프게 깨어있는 시간 길어진다

잡힐 듯
손안에 들어오지 않고
보일 듯
가시권 내로는 모습을 드러냄 없는
완성인 듯
영원한 미완성 속 머무름

덧없는 세월이
던져진 인생에게 주는
해답 아닐까?

친구

굳이 함께 하지 않아도 한 몸인 너인 듯 나이고, 나인 듯 너인 눈빛만 보아도 서로의 깊은 가슴속에 들어앉은 듯 심중을 꿰뚫어보는 사이 너희가 짧디 짧은 人生을 살면서 너를 위해 목숨을 내어 놓을 수 있는 친구하나 있다면 헛 살은 게 아니라 말씀해주시던 국민학교 도덕시간 선생님의 말씀이 아직 귓전 가까이에 맴도는 것 같은데

거울 속에 바라다 보이는 초로의 축 처진 어깨 반백의 낯선 얼굴이 거저 살아온 인생은 아닌 듯한데 잣대를 들이대고 크고 작은 저울추 바꿔가며 득실을 따지는 셈, 분명히 하고 만드는 인간관계속에서 성적표 받아들 날 하루하루 가까워 오는데 덧없이 사는 모습 변함없으려나 깊은 시름 속 작은 오차, 손톱만한 손실도 용납지 않고 모멸 차게 돌아서는 찬바람 도는 거래시장 속 지금의 우리, 어차피 속고 속이며 사는 게 인생이다 치부해버리고 살까 밝아진 세상에서 속일게 무에 있고 속고 살면 또 얼마나 속을까 하며 살까

기껏해야 백년도 살지 못하는 人生이 맺히고 묶인 것도 풀어내야 할 時間에 새롭게 묶을 것 없나 찾아 해매는 답답한 행복 속에 머물러 있으니, 기껏해야 술이나 한잔 퍼 마시며 악다구니나 쓰고 애경사 품앗이 숫자 놀음으로 돌

아서면 쓴 웃음 지을 광대놀음 속에 빠져 살아서야 작은 가슴 나눌 친구하나라도 건질 수 있겠는가

함께 감은 눈을 떠서 하늘을 보고 닫힌 귀를 열어 세상을 듣고 무거운 입을 통해 진정한 삶을 논하고 막힌 코를 뚫어 자유로움을 마시는, 어린 셈으로도 남는 장사 대박 나는 삶 속의 횡재, 나를 알고 너를 아는 함께 알고 숨 쉬고 나누어도 한 개도 아깝지 않은 그런 친구, 늦기 전에 찾아야지

편지

기다림은 또 하나의 희망

눈만 뜨면 숨소리까지 들을 수 있었던
가족이라 이름한 사랑하는 이들과
전화 한통하면
따뜻한 식사에 반주 곁들이며
정을 나누고 소식 물을 수 있었던
한 時代를 한께 하는 지인 지인들과

눈빛만 보아도 마음을 읽어내던 일상이
한순간 틀이 깨어지며 무너져 내린 청천벽력
추스르고 간추릴 사이 없이
내팽개쳐진 꽉 막힌 공간

사지가 묶이고
생각이 멈춰지고
암흑에 휩싸인
정지된 시간을 지나며
멈추어 있다

작게나마 움직여 보려는 몸짓으로
엉뚱하고 밝은 글제 잡아
시작해 보는 글도

어이없는 절망의 언저리를 맴 돌며
서성거리다
어두운 터널 속으로 빨려들 듯
자취를 감춰버리는 암울한 현실

한 줄의 글로 조차
마음까지 나눌 수 없는
차단되어진 외로운 고도에서의
오늘도 이어지는 끝없는 기다림

4부
_감추어진 生命

그 해 여름

평온하기만 하던
하늘의 작은 솜털 구름 한 점이 점점 커지더니
심술부리듯
얼굴 붉히며 훼방을 놓는다

예고 없이 하늘 문을 닫으며
두터운 장막 깊은 어두움 속으로
유혹하여 한줄기 빛까지 차단해 버렸다

더위를 느낄 사이도 없이
초복 중복 말복이 열흘 간격으로
마파람에 게눈 감추 듯 사라지고

맛보기식으로 콧김만 쏘이던 태풍은
'너구리' 꼬리를 물고
이름값도 못하고 이어지는
허허로운 여름의 끝자락에서.

이 몸도 별일 아닌 것처럼
그 대열에 끼면 안 될까 하는
어이없는 바램 속
망중한에 내가 있다.

바램

無心하게
창밖을 지나는 바람처럼
묶어둘 수 없는
덧없는
시간은
오늘도
째깍거리며
우리를 떠나가고
새날을 시작한다

작은 바램으로
또 한 번 열어보는
한날의 삶속에는
무엇이 기다리고 있으려나

작은
바램 한소쿰이라도
이루어지는 기적
찾아오려나……

2014. 9 .28

기다림

정갈하게 세워지고 묶여지고
이음새 단단히 여며진 약해보이지만
철옹성 못지않은 방어막
범접치 못할 무언가
보이지 않는 기운에 감싸이고
두세 겹 덧 씌워진 울타리
양쪽으로 열리는 사립문 소리에
눈을 들어 귀를 모아
나갈 곳을 찾는다

어리석은 맘
세상에 섞는 것 밖에
아무것도
더할게 없음을

안타까이 여겨야 함을
염체 없이 잊고서는
귀를 열고 목내밀어
발자국 소리 찾고
선물 꾸러미 기대하며
두 손에 촉촉이 흐르는 땀
애써 닦고 말려 보지만

한숨 섞인 절망으로
가세, 가세 가보세
체념 끝 내어딛는 힘없는 행보

수백 번 뒤돌아보고픈 맘
싸매고 감추어 끌어안고
훠이 훠이
가보려 하네

무엇하려 하는가
무엇을 할 것인가
수없이 던져보는 묻고 물어보는
공허한 외침에 돌아오는 무응무답

허락되어진 자리에서
해답을 찾으려
고심에 고심

남부 정류장

전국의 山河를 찾아 떠나려
새벽을 깨우며 눈 비비며 모여들던 자리
지금이라도 함께 산을 찾던 악우들이
만면에 반가운 웃음 짓고
손 흔들며 나타날 것 같은 정겨운 자리
남부정류장

물 흐르듯 흐르는 자동차의 홍수 속으로
매서운 칼바람에 외투 깃 여미며 웅크린 모습이지만
내딛는 발걸음에 당당함이 묻어나 부럽기만 한 행보
지금 나와는 무관한 저만큼의 다른 세상

사치스러우리만치 대리석으로 치장된
인도 위를 걷는 그네들의 바쁜 걸음 사이로
위태로이 살아온 나의 지난 삶이 묻히듯 사라져간다

예전에 무심코 지나던 길
기억도 새로운 결코 낯설지 않는
그곳 그 자리를

차가운 수갑 채워지고
질긴 오랏줄에

구석구석 꽁꽁 묶여
끌려가는 비참한 모습으로
법무부 세 글자 선명한 버스를 타고 스치듯 지나가는
이제는 초라하게만 보이는 남부정류장

일천구백칠십칠 년
남부정류장 길은
플라타너스 이어진 비포장도로
뽀얀 흙먼지 끌어안던 정겹던 가로수길

젊음이라는 무한한 가능성이 춤추듯 자리하던
푸른 제복 속 대한의 당당한 아들로
정확히 삼십이 개월 십오일의 긴 시간
세 번의 뜨거운 여름과 두 번의 혹한 속 겨울을 보내며
人生의 소중함을 몸과 마음으로
뜨겁게 접하던 곳

고개 넘어 자리한
2군사령부에서 경산가는 길
남부정류장

참고 또 참아내는

미칠 듯 부서지는 아우성으로
광란의 몸짓으로
집어삼킬 듯 달려드는 파도의 용틀임처럼
부서지지 않고 버티고선
무심한 바위 덩어리 향해
온몸 던져 피하고픔
이겨낼 수 없는
참고 또 참아내는 참음의 한계 앞에

사람이 애타도록 원하고 하고픈 일 하지 못하고
있어야 할 곳에 머물지 못할 때
아려오는 칼로 도려내는 듯한 아픔
그런 아픔이 요즈음 늘 내 곁에 있네

그래도 열심히 이겨내 보려네
동생의 구구절절
옳은 편지 큰 힘이 되었네.

변함없이 찾아온 아침

어둠이 길어지며
수은주를 끌어내려
아직 만추는 멀리 저만큼 있는데
조석 간 한기를 느끼는
빠른 시절의 흐름 눈앞에 와있다

끝이 없을 것처럼
길게 이어지던 어둠의 그림자도
밀어내며
떠오르는 아침의 태양을 맞으며
자리를 내어주는 어쩔 수 없는 모양새

오늘도 어김없이
우리 곁에 머무는
또 하나의 아침

2014. 9. 21

감추어진 生命

엄동설한을 이겨내기 위해
나무는 이른 봄 싹을 틔워
무더위와 폭풍우의
긴 여름 함께 이겨내며
정 깊어 매달리는
작은 잎새 하나까지도
모멸차게 떼어낸다.

이듬해 동토가 풀리고
삼라만상이 태동하는 날
조금은 더
성숙해진 모습으로
새로운 세상을 맞이하기 위한
희망의 메시지를
잊지 않고 챙겨주며
잠시 헤어지는 것이 아닐까

멈춘 듯 숨기어진
심연의 깊은 곳에서는
저마다 자신만이 아는
사력을 다한
고뇌에의 싸움을 이어가며

나중을 준비하는 것이
당연한 삶의 이치이리라

언젠가 멈추는 그 곳에서
되돌아 보며 미소 짓기 위해
그리 그리
살아내야 하는 것이
인생 아닌가 싶다
겨울이 오면
봄이 멀지 않음이
너무나 당연한 듯 말이다

외로움은
늘 주변에 머물지만
길가의
가로수만 할까?

그치?

아름다운 時間

말로만 들어본 버뮤다 삼각지대와
불랙홀로 빠져 들어온 듯 옮겨진 세상 속 오늘

더함에 더함을 더하고
고대하던 시간 허락된 축배도 함께 이루고
일으켜 세워 버팀목 받치고 흐트러진 초점 바로잡아
가시권내에 머물게 하여 근심 갈무리해 놓는다.

종일 쏟아지는 강한 햇살이
모든 것을 태울 수 있을 것 같아도
한정된 시간에 묶여 한계성을 넘어서지 못하고
다다르기 직전에 멈출 수밖에 없는 것은
조물주의 균형 속 질서를 위한 치밀한 계산

과거와 현재를 발아래 두고
눈앞에 와있는 알 수 없는 미래를 점치는 조심스런 눈길

숨바꼭질 놀이
술래잡기 마냥
숨고 찾아내는 귀신 뺨치는 기막힌 기술

내일이면 또 다시 날을 바꾸어 떠오를 태양은
지금쯤 지구반대편 알 수 없는 곳을 지나며

무엇을 보고 어떤 움직임과 소식을 물고
거기에 어떤 의미를 담고 우리 앞에 설까
기대속 보이지 않는 별을 헤어 보는 밤

이름 모를 풀벌레 소리가
내 작은 가슴 틈새 파고들어와
애잔한 마음을 훑고 지나네.

저만큼에서 비켜서 기다리는 내일
못내 보고픈 맘 드는 것은
함께 하지 못하는 사람과 자리에 대한 간절함 때문

하나, 둘 몸을 누이는
지친 이들의 가녀리고 거친 숨소리
길들여진 가지런함이 더디고 더디기만 한
하루를 애기하네.

하루 더 가까워진 날
변함없이 찾아올 일상을
실하게 맞기 위한 오늘의 잠자리
편안함도 하나씩 따라 눕는 밤.

아픔 그리고 아득함

부서진다
깨어진다
처참하게 망가져 널부러진 모습 앞에
망연자실 맥 풀린 마음자리 곁
함께 내려놓은 구겨진 육신

안타까움 주렁주렁 매달린 깡마른 몸을
또 마음을 겨우 버티고 서서
머물 곳 정하지 못해
불안한 시선 둘 자리 찾지 못하네

무거운 짐 싸고 풀며
이리저리 옮겨 다녀야 할 기약도 없는
머나먼 곳의 아득함 속 휴식을 찾아 이어질
고통스런 자리바꿈은 언제쯤 마침표를 찍을지

덧없이 흐르는 세월 속 고통의 한복판에 서서
입술 깨물어 울부짖음 삼키는
우리 우리네 인생

시작이 있으면 반드시 끝도 있는 법

이제부터 가보려네
가보려 하네

사랑하는 이들 곁으로 가려네
애써 기다리는 이들
항상 머무는 그 자리에 있으니

오랜만의 외출

달포 가까이 되었으려나
재석 아재 다녀간 지
오늘 찾아와 전하는 말
사흘 후가 결전의 날이라며
그때 보자 하네
최선을 다했으니 이제는
고매하신 판관님 결정 믿어보자 하고
파이팅 하고 돌아갔네

이유있는 억울한 한 소시민의 주장을
무책임하게 흘려버리는 우를 범치 말고
명확한 심판해 주실 것을
억지 부리지 않고 정중히 부탁하며
타당한 이유와 변명 아닌 변명
수십 장의 글속에 줄이고 줄여 대령하였으니

묻지도 따지지도 말고 엉킨 실타래 풀어내듯
놀라운 혜안 열어 숨겨지고 가려진 것 찾아내
서고 앉을 자리 분명하게 정해 주리라
믿고 소망하며 그때까지 담담하게 지내려 하니

울타리 벗어나면
예전 알던 낯선 곳으로 나가 정해진 곳까지

아직 나와 무관한곳
살아있는 세상 통과해서 예비된 자리
잠시 머물다 돌아오는 절차상 간단한 행보

가고 오는 짧은 시간
매듭을 위해 피를 말리며 머물게 되는
그 시간 속에는
지금까지 살아온 人生의 어떤 순간보다
긴장해야할 타당한 이유 있어
조심스럼 숨길 수 없다

無와 有의 중대한 갈림길 앞에
서 있게 될
외출이 오랜만일세.

우리 잠든 사이

우리의 눈이 잠이 들고
귀와 코와 입과
마음까지 따라 평안을 찾고
뇌를 정지케 한 그림자 영혼

알지 못하고 보고 듣고
말하지 못하는 사이
시간과 말과 생각이 바뀌고
도시가 변하고
우리 삶도 다른 모습 되어질 것을

영혼을 잠재우고
마음을 흔들어
밑바닥 심연의 외침까지
묶어 놓은 검고 힘 있는 손

새벽 미명을 만날 수 있을까 하는 두려움은
늘 주변을 맴돌지만
애써 외면하는 뿌리침은
또 하나의 위로

어지러이 이어진
도시의 뒷골목 미로처럼

헤메임의 끝을 찾으려 하는
핏발선 눈에 맺혀지는 이슬

잠이든 사이
나를 깨우기 위한
알 수 없는 움직임은
쉬지도 못하고
살아있는 날만큼의
변함없는
아침을 만들기 위해
잠들지 못하는 희망

유배지에서 외치는 함성

평생 일궈오던 텃밭 지켜내지 못해
쏟아 부었던 피와 땀 젊음 정열
모두를 잃어버린 이들

어짜피 인생을 가리켜 공수래공수거라 했지만
살아있는 날 동안 머물러 주기를 바라던 작은 소망으로
죽을힘 다해 붙잡고 버티던 것들
한순간 눈앞에서 눈 녹듯 사라짐 보고도
구차한 목숨 비굴하게 이어가야 하는 이들
소리 내지 못하고 지르는 함성
'나는 할 수 있다'

잠시 쉬는 것도 사치
바늘방석 위
불편하고 힘든 충전의 시간 마다 않고 받아들이며
숨어드는 몸과 마음 두드려 깨우고 일으켜

기다리고 있는 가족들 앞에
남아있는 세월 앞에
못다 이룬 꿈을 향한 도전 앞에
가지런히 간추려 세운다

큰 스승이 되는 실패와 경험을 토대로
일으켜 세워야 한다

이제부터 주어지는 삶의 성적표에는
후회라는 단어 올리지 말고
작고 소박한 것 일지라도
결실을 남기는 삶으로 살아내야 할 것이다

내가 과연 해낼 수 있겠는가?가 아닌
나는 할 수 있다
나는 해내야 한다
나는 해낼 것이다.

촛침 소리

번개와 천둥은 동시에 만들어 지는
예측할 수 없이 오묘함속에서 자연이 만들어 내는
스케일 큰 작품임이 분명하다

긴 세월 인간의 노력으로 돌출해낸 근접이론
플러스, 마이너스 전기의 충돌이라는
과학의 당연함속에 묶어 두지 말고

순식간에 나타났다 사라지는 강렬한 빛과
더 이상 클 수 없는 소리가 만나
만들어 던져준 보따리를 풀어내 보자

비를 불러 강을 채우고 그 江을 범람케 해
시간을 향한 경고도 서슴치 않는 울림

잘못 찾아들어가 비켜가고픈 삶속에서
헤어 나올 줄 모르는 중생들 가슴 철렁케 하는 호통

촌음도 아껴가며 사는 이들
찰라의 순간도 놓치지 않고
콩이라도 볶아 먹을 수 있는
부지런한 손끝에 들려준 밝고 환한 빛

무서움 속 친숙한 반가움은
生命의 근원 비(雨)의 출연을 알리는
축제에 대한 큰 감사와 거부할 수 없는 자리매김에
예를 갖출 수밖에 없음을 우리는 안다

고요를 가르는 작은 움직임이
큰 울림으로 닫힌 가슴을 열어
살아 있음을 알리는 하늘의 소리

흐르는 시간을 겁내하는 비겁함이 아닌
작게나마 삶을 호령하며 살아있어 들을 수 있는 소리
그 소리가 비록 둔탁한 시계의 촛침 소리라 할지라도
함께 듣고픈 사랑하는 이들 있으니

내게는 번개소리 동반한
천둥소리만큼 크다
눈이 부신다.

5부
_보물찾기

또 한 번의 외출

허락도 받지 않고 경찰조사 검찰수사 1심판결 항소심 판결 선고를 받지 않고도 눈치한번 보지 않고 새벽 창문을 타고 넘는 서늘한 기운은 누구 할 것 없이 모두를 뒤척이게 만들고 머리끝까지 끌어올려 덮은 이불속 새우등처럼 구부러진 몸뚱아리 웅크린 품속까지 파고 들어와 부서지기 직전 메말라 푸석해진 가슴은 아는 듯 모르는 듯 무심하게 찾아온 아침은 일상을 만들어 내기 바쁘고 멀고 길었던 날들과 지난밤 단잠을 앗아가던 이야기는 또 하나의 과거로 묻혀진다

행여 작은 미련 붙잡고 애달파 할 새라 숨 쉴 새 없이 이어지는 어지러운 움직임은 그래도 작은 위안, 분주한 아침을 보내고 한 달 가까이 두텁게 드리워졌던 장막이 걷히며 나선자리, 내디딘 거리에는 성급하게 빛바랜 가로수 이파리 하나둘 구르며 스산한 가을 분위기 만들어내고 여전히 무표정한 거리의 오고 가는 이들 모습에서 애써 찾아보려 하는 목마른 자유도 실패로……

오늘은 특별한 날이다. 대구시내 한복판에서 인간시장이 열리는 날이다. 무시무시한 사람들 모이는, 몸과 마음이 깨지고 부서진 곳 많아 온전치 못한 이들 한데 모아 놓고 저울눈금 믿을 수 없는 불량저울에 경중을 달아 분류하고

이리저리 뒤집고 헤집어 털어 내보라 아니면 그만이고 설비 제대로 갖추지 않고 돌아가는 공장에서 대책 없이 덜그럭 거리며 만들어 내는 제품처럼 할당량만 맞춰내는데 급급한 공정. 요식행위처럼 그 공정을 거쳐 가기 위해, 팔려가기 위해 우시장에 끌려나와 불안한 눈 껌뻑이며 묶여 있는 황소만도 못한 모양새, 머리끝부터 온 몸을 훑어 내리고 검신기를 통과시키고도 신발, 양말 다 벗기고 깔창 빼내 고린내까지 맡아본 후 은팔찌 조여 채우고 사건 장치 확인하고 모자라 얼마나 많은 사람 묶었다 풀었는지 윤과 좔좔 흐르는 포승으로 한 번 더 확인 사살까지 몸통에 팔까지 고정시켜 굴비 엮어 묶듯 생각까지 꽁꽁 묶어 앞발 가지런히 모은 강아지 새끼 재롱부리는 모양새 만들어 놓고 물고기 잡아
한 줄에 아가미 사이 구멍 뚫어 채워 궁금하던 이 눈에 띄어 안부라도 물을라 치면 눈 부라리고 입 다물라 채근하는 지옥 가는 길도 이러 하려나 지치고 무너질 수밖에

조기는 굴비가 되어도 눈을 감지 못한다
석쇠에서조차 눈을 치켜뜨고 세상 조여 오던 그물을 온 몸으로 기억해 낸다 했던 한스런 세월을 살아낸 한 시인의 싯귀가 입가를 저절로 맴돈다

새롭게 이어지는 위태로운 날이 거듭되며 한 줄 한줄 쓰여져 두텁게 쌓여가는 내 소심하고 보잘 것 없는 작은 人生 역사가 쪼그라질 대로 쪼그라져 마음 밭 구석 흔적조차 찾기 어려운 곳에 알아보기 힘든 흐릿한 서체로 희미하게 기록 된다. 나만이 아는 비밀스러운 곳에 믿을 수 없

는 계량저울, 인증 받지 않은 눈금의 제멋대로 늘어났다 줄어드는 잣대, 선고자들이 먼저 입장한다

또 그 앞에 서야한다. 기각 , 기각, 원심 파기, 연기, 기각……
열다섯 선고자중 한명만 유예 꼬리표 달아 놓아주고 또 한명만 선고를 미루고 모두다 이유 없다며 주는 대로 벌 받으라네 너무 간단하게 한 사람의 운명을 결정지어 버리는 대한민국 재판

울그락 불그락 누군가를 향한 분노를 표출하는 이
체념한 듯 무릎 사이 깊게 고개를 파묻는 이
믿을 수 없다는 듯 하얗게 질린 얼굴로 휘청이는 이
고래고래 고함을 지르는 이
각오하는 듯 이를 악물며 두 주먹 꼭 쥐고 두 눈에 힘을 주는 이
소리 없이 흐느껴 우는 이……

갖가지 표정과 몸짓 어우러지고 한숨과 회한 속 핏방울 튀는 긴장된 공간에서 잠시 숨을 쉴 수 없었다 그 사람들의 복잡한 심경 콩당거리는 가슴에 쓸어 담고 항소심 마지막 심리과정 치르러 발걸음을 옮긴다

이상스러우리만치 평온하고 담담해지는 마음, 지난번 재판까지는 눈에 들어오지 않던 방청석, 재판부 법정서기 검사에 이르기까지 한눈에 편안히 들어온다 변호인의 반대심문도 의견서 한 장으로 대신 되고 간단한 몇 가지 요

식행위가 끝나고 마지막 발언 시간이 주어지자
"변호인과 따로 제출한 (본래)항소이유서와 두 번에 걸쳐 드린 탄원서의 내용대로 하지 않은 것을 했다 할 수는 없지 않습니까? 절대로 그런 사실이 없습니다. 그리고 저에게는 제 나이 쉰에 얻은 늦둥이 아들이 있습니다. 피해를 당했다고 하는 그 아이들과 같은 학교 5학년 학급 반장을 하며 전교 1등을 할 정도로 성실한 학교 生活을 하고 있는 늦둥이 녀석입니다. 구치소에 있으면서 녀석의 학교생활이 걱정이 되어 편지를 하게 되었는데 며칠 후 "아빠 나는 걱정 하지마, 학교에는 아빠가 그 누나들한테 당했다는 소문이 돌고 그 누나들이 평소에도 거짓말을 많이 하고 다닌데, 나는 선생님께서도 신경 써주시고 친구들도 위로해주고 격려해줘서 잘 지내고 있으니 아빠나 건강하게 잘 있다 오라"는 답장을 받은 적이 있습니다. 나를 믿어주는 아들에게 감사합니다.

그리고 처음에는 미심쩍은 부분도 있었으나 10개월 가까이 재판을 진행 하면서 완전히 믿게 되었다며 "내가 판사라면 우리를 선고하겠다"라고 시원스레 대답을 주신 이재석 변호사님께 이 자리를 빌어 멀고 힘든 길 함께 와주셔서 감사하다는 말씀 꼭 드리고 싶습니다.

존경하는 판사님 이상입니다.

현명하신 판단 내려 주실 것을 믿고 겸손한 마음으로 대구교도소 미결수 방으로 돌아가 기다리겠습니다. 귀한 발언의 기회 주셔서 감사합니다."

덤으로 사는 인생이 거기
숨어있었네

한편의 영화나 드라마였다면
처음부터 다시 시작 할 수 있었을 터인데
너무 멀리와 버린 세월의 뒤안길에서
마치 추억 속 쉼터를 기억해내려 애쓰는 심정으로
후회의 쓴잔까지 품에 안으며
더듬는 손길이 가련하고 애처롭다

떨리는 손끝에 잡히는
거북스런 감촉의 두터운 덮개 열고
비밀스런 곳을 응시하는 퀭한 두 눈에
핏빛 닮은 이슬이 맺힌다

사면초가 숨조차 쉴 수 없는 꽉 막힌 공간
서생원도 도망갈 구멍은 남겨두고 쫓는다는데

뜻과 무관하게 밀리듯 인고의 세월을 온몸으로 부대끼며
그저 조건부 묶어서라도 풀리는 것에 목에 메어
감사타 머리 조아리는 뒤틀려도 한참 뒤틀린 공간

머릿속 하얗게 변해 생각이 멈추고
헝클어져 실마리조차 찾을 수 없는 항변
억울함 무시되고 정죄 받은 대로 가슴에 새긴 주홍글씨
가림이 습관이 될 본능 속 남은 삶

한순간 무너져 버린 몸뚱아리
그리고 가슴, 인생……
의미를 부여하는 것조차 의미가 없는 먼 곳을 향한 시선
거둘 수 없고 거두어서도 안 된다 하고
거두어 버리면 더 큰 허공이 기다리고 있을 것 같은
두려움이 너무 커 어깃장 놓으며
빗장질러 가로막고선 훼방꾼 말고도
저만큼에서 지켜보는 또 하나 다른 눈의 정체는
오리무중 속에 멈추어져 있고

음산한 기운 깔린 길목어귀
가로등 이어져
희미한 곳 향해 터벅터벅
걸어갈 수밖에 없는 먼 길

그 첫발 향한 기약 없는 기다림이
지금 내사는 오늘 속에 숨어 있다.

변호인

삶이란? 질문을 던져 본다
살아내면 살아낼수록 점점 더 어려워지는 것이 삶이라면
답이 될까?

기본적 인간내면의 움직임을 따라 사는 모양새는
비슷해 보이는 것 같아도
처음 살아내는 각자의 시간들은 다르다

눈을 뜨면 새로이 마주하게 되는 낯선 곳에
발 내딛어 동화되는 결과를 얻어 내기까지
수없이 많은 갈등과 번민을 거치고
두려움을 극복하며 얻어진 경험을 축적해서
내일을 살아갈 준비를 한다

늘 새로움 기대되는 나들목을 들고나는
삶의 여정에서 부딪치며 만나는

사랑과 증오, 믿음과 의심, 신뢰와 배신
고통과 치유, 이별과 만남, 해갈과 갈증

긴장 속 적절한 힘의 안배와
스스로 조종하고 다스리는

관심과 애정의 지속적인 간섭이 요구되는 것은
자신을 향한 지킴의 필요성 때문이리라

대신 해줄 사람은 없다
작은 위로는 줄 수 있으나 대신 아파 주지도 못하고
짧은 생명연장의 도움은 줄 수는 있으나 대신 살아주지도 못하고
심부름은 해줄 수는 있지만 그 사람의 전부는 전해주지 못하는

마지막 변화와 해결은
그 누구도 대신해 줄 수 없는 자신의 몫일 수밖에

길지 않은 시간이지만 다른 사람의 삶속에 깊이 들어가
그 사람 보다 더 그 사람의 입장이 되어
집중적으로 살아야 하는 연기하는 배우보다 더
타인의 삶속으로 파고들어야 할 사람이 곧 변호인이다.

피고(원고)인 검사, 판사, 변호사, 스스로 꺼내어
생각을 읽어내고 정리하고 사실관계를 확인하고
생각과 판단의 범주까지 끌어내 진단하는
섬세하고 집중력을 요하는 작업 속 한 복판에서
잠시도 한눈을 팔 수 없는 사람이 변호인이다.

생명부지의 사람이 또 다른 한 사람을 대신해서
그 사람이 처한 상황을 이해하고 대변하며
그 사람도 모르고 빠트린 부분까지 찾아내
씌워진 누명 벗겨내고 어색하고 불편하고
수치스러운 자리에서 구언해 내는 조력자로써의 일상.

보물찾기

무겁디 무건 짐 하나 내려놓으면
또 하나가 대신하고
숨이 턱까지 차올라 죽을 것 같은 순간
편한 길로 쉼을 주는 산행에서처럼

다 겪고 사는 무저갱 속 삶
나만 산다는 짓눌린 가슴을 하고
무엇을 볼 것인가

부질없는 다툼 늘 주변에 있고
흐르는 時間 앞에 항복은 정해진 수순
찾아 떠나야 할 곳 정해주지 않음 탓하며
널브러뜨리고 퍼질러 앉아
놓아 주지 않는 몸뚱아리
드러난 속내 감추어둔 부끄럼 들킬까봐
오므리고 움츠러드는 가슴

문드러져 내린 가슴 때문인가
가까이 자리한 것 찾지 못하고
먼 곳만 갈망하여 태운 속이
까맣게 재가 되어 허물어지는 공든 탑

뒤틀리고 중심 잃어 뼈대조차 흔들리고
삭막하기만한 사막처럼 타들어가는 심사

닭 쫓던 강아지 지붕 쳐다보는 심정
찾을 수 없고 잡히지 않네
소중한 것 잃어버린 상실감이 너무 커
괜한 억지 부려보는 끝나지 않는 숨바꼭질.

선택

내가 선택할 수 있는 것이
하마 있을까 하는 마음이
자꾸 깊어짐은
외로움을 추스릴 방도를
찾을 길이 도무지 없어서인가?

이부자리 정리하고 일어나 앉은 자리에서
보내고 맞이하는 하루하루의 구석구석
자투리 시간까지
자신과의 힘겨운 싸움의 연속
승패의 가늠이 이기고
짐의 모양새 잡아 낼 수 없는
오리무중 속 행보

싸움에서 이겼다고 생각할 때가
가장 위험한 때다
時代극 대사 중 한 귀절이다

희망이 보이는듯 하다가도
먹구름이 몰려와 온 하늘을 덮어
빛을 잃어버린
헤매이고 헤매이다

더듬고 더듬어
길고 캄캄한 길
끝자락 힘들여 겨울 찾은
한줄기 빛 놓치지 않으려

앉은자리 찾아 청결히 하고
일 미터 칠십 몸뚱아리 뉘어본다

내가 잡으려 하는 것을
찾아내려
꿈을 만나러
잠을 청해 본다.

오랜만의 세상구경

화원 좁은 뜰에 분홍 알갱이 수줍게 감추고
세상을 향해
붉게 타오르는 보따리 소중히 감싼
터질듯 터지기 직전의 가을 속
결실을 전하는
빠알간 석류의 보석빛 찬란함이 가득하다.

나선자리
거리를 한가득 채운 자유가 한편으로 부럽고 샘이나
두 눈 다 뜨고 보지 못하는
애꿎은 마음자리
수갑과 포승 없이도
살아갈 수 있음을 뽐내듯
거리를 바삐 움직이는
군상들의 조금은 낯설은 모습이 생경스럽기까지 해
황망히 거두어들이는 좁고 짧은 이기심

그들의 표정 하나하나 뜯어보는
못된 버릇 발동해
두 눈 바삐 움직여 셈까지 해보았네

오며가며 칠십 칠분 동안
세어본 인간들이 숫자가 어림해 이백은 넘을 듯

그중에 행복해 보이는 이
밝은 얼굴을 한 이는
아무리 찾아봐도 열손가락 채워지지 않네

휘이휘이 살아왔던 세상의 모습인가
내가 육십 해를 살아오며 저런 표정을 하고
지내왔나 하는 생각에
부끄러워
숨을 곳 절로 찾게 되구먼

외출

긴 헤어짐에
체념과 정리와
기대담은 기다림 오가며
몸에 밴 습관처럼
또 한 번의 영원한 이별 앞에
허공을 응시하던
눈망울에 이슬이 맺힌다

겨울 하늘을 나는 기러기
날갯짓의 의미 찾으러
함께 날아 볼 수는 없는 일
견주어 모자람 없는 무모함에
애꿎은 마음만 제갈 길 찾지 못해
외마디 비명조차 지르지 못한 채
곤두박질치는 끝없는 나락

마음대로 하라 하나
하지 못함
미리 알고 던져주는
그림의 떡

덥석 물고 흔들어 볼까
손짓하는 강한 의혹

뒤로한 채 돌아서서
몇 발자국 걷는 사이
굳게 닫히는 솟을 대문 빗장소리
귓전에 맴도는 사이
나중을 기약하며

내 디딘 발길 거둬들여
짧디 짧은 나들이를
아쉽게 접어둔다.

우물 안 개구리

왜 그리 웅크리고 있느냐 물으니
얼굴 붉히고 돌아앉네

왜 그리 울음을 삼키고 있느냐 물으니
어색한 웅얼거림으로 얼버무리네

왜 그리 엎드려 있느냐 물으니
대답조차 없네

왜 그리 대답조차 없느냐 물으니
멀리 뛸 준비 하느라 내공을 키우는 중이라네
개골개골……, 이제야 입을 떼네

어디로 뛸 꺼냐 물으니
그것도 모르냐며 바깥 세상이라네

나가서 무엇을 할 건가 물으니
망설임도 없이 해먹을 거 천지라네

기껏 그게 전부냐 물으니
입 다물고 묻지 말라
하고 싶으면 하고
말하고 싶을 때 입을 열겠다네

변명 아니냐
핑계 아니냐
다그쳐 물으니 오줌 길게 뿌리고
없는 꼬리 감추네

X묻은 개 X묻은 개 나무라고
남의 눈의 티끌은 보면서
제 눈의 대들보는 보지 못하고
도토리 키재기
토닥토닥 다투며 쏟아내는 법률지식의 홍수
모두가 판사, 검사, 변호사

조각난 하늘

열길 물속은 알아도
한길 사람 속 모른다 했다

탄생과 성장과 몸담은 환경이 달라
저마다 다른 성격과
정신담은 생활 철학이
일치됨을 기대할 수는 없다

다만 비슷한 時代를 더불어 살며
그 삶을 서로 이해하고 받아들이며
부딪쳐가며 그렇게 사는 것이다

바라다 보이는 평상 속
거죽만 보고서는 콩인지 팥인지……

지레 짐작뿐
아무리 깊은 혜안이라도
더 이상의 내면을
열어볼 수 없는 벽을 만난다

온갖 한스러움 다 끌어안고
품고 위로 하려 하던 그 넓디 너른 가슴

다 타버리고 부스러져 재만 남아
미풍에도 어리저리 헤집어지는
탄력 잃은 속살

조각난 하늘 바라다 보이는 머뭄
굳게 못질한 철창에 매달려 코를 대고서야
세상을 마실 수 있는 자리에서

어찌 품은 뜻을 논하고
해야 할 일을 펼쳐 보일 수 있으며
보고픈 이와 가고픈 곳을
입에 담을 수 있을까
불가함을 너무나 잘 안다.

창문에 코를 대고 세상을 마신다

숨 가쁘게 달려온 상처투성이
人生의 여정에서
잠시 머물다 가는 곳이라
위안 삼으려 하나
숨겨진 마음 쉬이 들킬 수밖에 없는 곳

이곳에는 하늘이 없다
여기에는 세상이 없다
이 공간에는 들을만한 게 없다
찰라에 불과한 時間은 길게 느껴진다

작은 창문에 매달려
조각난 하늘을 보고
코를 내밀어 세상을 마셔야
겨우 숨을 쉴 수 있으며
귀로 들어오는 들을만한 얘기는
거르고 걸러 한 종지 될까 말까

허송세월로 아까운 時間 허비치 않으려
기를 쓰고 폼을 잡아 보지만
인내심을 시험이라도 하듯
허접 쓰레기 훼방꾼 등살에
허우적대기 일수 일세

기껏해야 백년도 못사는 세상
과거와 현재와 미래가
거기에 어우러져 있는데……

한날 한 시도 머물고 싶지 않은 곳
그러나 몸을 뺄 수 없는 곳
정해놓은 틀에 묶여
어정쩡한 상태에서의 나날이 많이 아깝다
엄청난 손해를 보고 있다

나 자신의 삶은 이제 그만
여기에서 멈추어도 좋다
허나 아직은 미약한 힘이나마
나를 필요로 하는 내가족의 가림막이 되어주어야 할
소중한 시간을 갉아 먹히고 있다는 생각에
마음 밭 자갈돌이 이리 구르고 저리 구른다.

멈출 수 없는 바람이라면

긴 가뭄 끝 단비에도
반가움 숨기고
간절한 그리움 뒤 만남에도
포옹을 아끼며
너를 향한 마음 하나만으로

흐름과 멈춤이
교차되어 이어지는
돌고 돌아가는 길 앞에
우두커니 선

작은 굴레의 간섭조차
필요치 않은
비켜선 자유로움 속 영혼일지라도
너의 자리만큼은
비워둘 수 없음에

억겁의 세월 닫아 두었던
심장을 열어
온 가슴으로 너를 맞는다
성능좋은 카메라 셔터로도
잡아둘 수 없는 너를

남극의 두터운 얼음을 깨고
이글루를 만들어
얼어붙은 발자욱을 남기고

적도의 불타는 심장을 뚫어
모래바람 잠재우고
사막의 질주를 꿈꾼다

더운피 다해
영원을 꿈꾸는 그날까지

6부
_부처님 오신 날

청운 스님

밝은 소식 들고 찾아준
고맙고 따뜻한 방문만으로도 충분한 선물인데
푸짐하게 골고루 챙겨
넉넉함 갖게 해준 배려의 마음까지 감사히 받는 우리

수습해야할 흐트러진 사찰문제와
연로하신 노모를 염려하며
잠시비친 어두운 모습이
아직 작은 아픔으로 내게 남아 있네

일 년 가까이 비워 놓은 공간인
아껴 지켜야할 보금자리가 온전하리라고는 생각지 못했
겠지만
이제와 어찌 하오리까
업보라 생각하고 덕을 쌓을 수밖에

그리 멀지 않은 과거 속
초심을 속히 찾아내
설렘 속 굳은 각오로 시작했던 기억과
새로움 앞에선 두려움 속
밝게 빛나던 두 눈빛에
다시 한 번 힘을 주어

시간이라는 고마운 녀석을 타고
한 발자국 또 한 발자욱

여유롭고 우직한 걸음 옮기다 보면
계획하고 희망하는 것들이
하나하나 제자리 찾아 자리하리라 믿는다

기대이상의 결과를 받아들고
흡족해하는 청운스님의 모습
그 보기 좋은 모습
다음 조우 때까지 간직하려네

경주 남산을 생각하면
망월사와 청운을 떠올리도록
당당함으로 자리 매김 하는 날이
가까운 장래에 도래하기를

(2014. 4. 15)

부처님 오신 날

부처님 오신 날 불기 2558년
많이 생각나는 남산지기 청운스님
어질어진 주변정리는 진전을 보셨나

멀리 강원도 대관령에는 세월을 거스르듯
갈 곳 잃고 세력 잃은 맥 빠진 눈보라가
연두에서 초록으로 옷을 갈아입는 넓고 푸른 초원에
가득한 봄을 먹으러 나온 양떼들을
우리로 몰아넣고 자리를 떠나고

온 나라가 세월호 희생자들의 명복을 빌며
숙연히 보낸 한 달의 태양은
쉴 곳을 찾아 어둠속으로 떠나고
따라 세월도 가고 사람도 가고

어제와 오늘이 바뀌는 하늘에
어김없이 찾아와 그 빈자리 채우는
소중하고 감사한 시간 앞에서
청운스님 적선 하고 간 책장 언저리에서 찾아낸
사무엘 울만(Samuel ullman)의 청춘(Youth) 中에 나오는 詩

"의지, 상상력, 정열, 용기, 모험심이 청춘이라 나이를 먹어서 늙는 게 아니고 꿈을 잃었을 때
늙는다. 청춘이란 인생의 어느 한 시기가 아니라 마음가짐이다"라는 글귀가 또 하나의 깨달음을 주는 고마운 하루를 오늘도 살아 보려 합니다.

불기 2558년 5월 6일(음 4월8일)에
담티고개 아래 아직 머물러 있다

계절

잔인한 四月이 온다
歲月의 뒤안길로 돌아선
많은 날들이 곧추서서
대오를 이뤄 정렬한다

크게 나부끼는
커다란 깃발 외면하고
손에 꼭 쥔
작은 깃발에 혼을 불어 넣으며
너를 부르고
나를 일으켜
공들여 묶어둔다

옮겨갈 새로움에 이르기 위해
매듭 풀리진 않게
단단히 동여맨 동아줄 당겨
힘을 주어 확인해본다

시공을 초월한 자세로
단정하게 차림하고
서슬 퍼런 안광
불끈 쥔 주먹에 힘을 주어

발을 옮겨 보지만
얼마지 않아 구령에 맞춰 움직이던
큰 행렬 속에서의 이탈이 가져온 소외감은
밤마다 악몽으로
잠자리를 괴롭히며 파고든다

엇갈림 속 어수선한
時間들의 연속 앞에서……

그래도 四月은 간다

그리운 님 언제나 보러 갈꼬

타들어가는 듯 붉디붉은 저녁노을 만들며
넘어가는 햇빛을 붙잡아 은빛으로 반짝이며 흐르는 江에
발을 담그고 한가로이 어심을 낚는 모습이 아름다운 섬진강변

하동에서 남원을 지나 순창 가는 길
지리산 아흔 아홉 골 중
남쪽으로 돌아앉은 골짜기 흐르는 물 모아
넉넉한 흐름을 시작하는 섬진강 상류 한켠에 자리한 곳

전교생 합쳐 열일곱 꼬맹이들
올망졸망 모여 자연을 벗 삼아
작은 꿈 키워가는 소박하고 정겨움 묻어나는 한가로움 속
자그마한 학교 지킴이 김용택 詩人 닮은 아우

안경만 쓰면 김 詩人일세 했더니 며칠 후 안경을 쓴 모습
영낙없네
키가 한 뼘만 더 컸으면 김 詩人일세 했으나
아뿔사, 그 키는 마음의 귀를 키워주길 바랄 수밖에

잘 가시게
가서 잘 지내시게
나중함께 섬진강변 찾을 날 기약하며

단풍을 만나다

깊은 가을 속
아침

싸늘해진 공기
감싸 안은
자욱한 안개사이로 보이는
어제보다
조금은 더 진한 붉은색으로
옷 갈아입은 나무

내년
단풍철에는
나
산속에
있으려나

2014. 10. 25(안개 짙은 날 아침)

멈춤

시작이 반이라 했지만 두 달이라는 時間이 스치듯 지나가는 빠른 흐름의 냉정한 진행 앞에 곡예사의 심정으로 균형을 맞춰보려 손에 쥔 가늠막대에 힘을 더해본다

촌음을 아껴야 할 순간 앞에선 초조함 뒤로하고 흩어진 나를 모으려 애써 보지만 남인 양 외면하고 휘적휘적 제 갈 길 잘도 가는 하루하루

종착역을 얼마 남겨 놓지 않은 중간 간이역에서 목마름과 시장끼를 대강 해결하고 성에 차지 않은 분풀이를 하려다 시선이 머무는 곳, 초점 잃은 두 눈 넘어 파노라마처럼 펼쳐지는 앞날의 희미하게 어른거리는 청사진 속 내일 일을 찾아 떠날 수 있는 걸음이 행복일진데 머물러 제자리걸음에 한발조차 내딛을 수 없어 발 동동

다 살고 우수리 얻으려 벌린 손도 아닌데 부끄러운 손 자꾸 호주머니 속 찾아 숨으려 하네
켜켜이 쌓아진 퇴적층의 교묘한 맞물림 속, 균형과 조합은 버팀과 견제와 나눔과 발현의 만남이 모아져 경이로움을 연출해 내야

시작과 끝은 무엇으로 설명이 되나

한 시간
하루
한 주
한 달
한 해

가슴 두근거리는 두려움과 기대감 오고가는 처음이라는 단어가 주는 새로운 느낌은 색깔은 다르지만 맞이하고 접하고 흐름을 타고 머물게 되는 편한 일상의 습관은 만들어내기까지 수없이 많은 각오와 다짐과 도전과 훼방, 포기, 좌절을 딛고 일어선 아름다운 인내에의 노력이 필요함은 인생사 구석구석 가장 크게 자리한 애환과 더불어 희노애락의 수실이 되어 수판을 이리저리 누비며 혼자만의 그림 속 작품세계로 들어간다

서러운 입술 깨물어 흘리는 피
곱씹어 삼키며 뱉어내는 한숨소리
하이얀 백지장 낯색 만들어내고

분기탱천 질러대는 고함소리
목청 끝 떨림 잡아내 제목소리로 가라앉히고
핏발선 두 눈에서 고뇌의 눈물
넘치도록 흘려내고
필요한 설움의 표현
가는 길 구석구석 영역 표시하듯
뿌려대는 한 방울 한 방울

아쉬움

내 달리듯 빠르게 지나는
한날의 끝자락에 서서
스쳐간 자리에 여운으로 남은
수없이 많은 영상들이
크고 작은 모습으로
앞 다투어 자리하는 시간

한날의 힘든 노동을 마치고
힘든 쉼 몰아쉬며
이제 막 도착한 태양을
노을 속으로 밀어내는
긴 어둠이 조심스레
자리 잡을 채비를 한다

저절로 아니 누군가의 손에 의해
걸어 잠궈진 문틈사이로 찾아 들어오는
바람 끝이 아직은 차다

사람의 온기만으로
딱딱한 마룻장을 타고 오르는
한기를 잠재우며 이겨 내야할 긴 잠자리
겹겹이 정지된 시간을 뚫고 만들어 내야할 아침

어제와 오늘이 바뀌는 하늘을
수없이 만들어 내야할 새로운 날 앞에 서면
나그네처럼 잠시 머물다 떠나는 世上속
수많은 이들 중 하나가 될 우리

잘 가시오
남은 生 다시는 후회라는 단어에
발목 잡히는 우를 범하는 머무는 삶 되지 말고
훠이 훠이
앞만 보고 부지런히 가는 삶 만드시오

가다가 어느 결에 인연의 발길 닿으면
얼굴이나 한번보고 곡차한잔 기울이며
크게 웃는 날 있으리라
기대해 보려오

*2014년 4월 4일, 경주시 포석로 망월사 주지(청운스님) 정순학을 보내며

짜장면

곱빼기 한 그릇을 쓱쓱 비벼 배부르게 먹었다
주신분의 따뜻한 마음까지 듬뿍 고명으로 얹어서
오랜만에 기름진 음식에 배탈이나 혼쭐난 사람도 몇몇 있었지만
모처럼 별미는 잠시지만
입가에 잊었던 미소를 찾아 머물게 했다

서민들의 가장 친근한 음식인
짜장면이 맞춤법에 문제가 있다하여
방송에서까지 자장면이 되었다가 다시 짜장면이라
표기해도 무방하다고 했다가
큰 의미도 없는 것을 두고 갈팡질팡 하던 논란은
실소를 자아내게 하는 해프닝으로 끝이 난 것으로 기억이
된다

배고픈 이 짜장면 한 그릇 받아들고
만면에 흡족한 미소 지으며 은은한 향기에
두세 번 침을 삼키며 쫄깃한 면과 소스를
이리 비비고 저리 비비고 골고루 비벼서
단무지 하나씩 꼼꼼히 올려
세상에서 가장 맛있는 음식인 냥
후루룩 후루룩 쩝쩝……

세상냄새 짙은 사제 짜장면
큼직한 돼지고기 인심 넉넉한 짜장면
한 그릇 뚝딱 비워내고
네프킨으로 입 주변을 정리하고서
배를 두세 번 두드리며
세상 부러울 게 없는 뒷맛까지 맛있는 짜장면

며칠 전 화요일 정기 휴무일을 이용해
마음 넉넉한 중화요리점을 운영하시는 분들이
뜻을 모아 일천 명이 넘는 재소자들을 위해 베풀어주신
정성이 듬뿍 담긴 일천삼백오십 그릇
생각지도 않던 즐거운 오찬은
그 어떤 성찬 부럽지 않은 신선한 충격이었다

대구광역시 수성구에 자리한 대구구치소
답답함과 회한의 눈물 속에서
치러내는 인내에의 길고 어두운 시간을
맞이하고 보내며 초조하게
재판을 기다리는 미결수의 신분으로
접한 세상 속 뜨거운 베풂의 경험 전하고자
많은 것을 생각게 했다.

7부
_축사

 추천사

육십 년 인생 기록이 심장의 울림

자연 요리 연구가
(양평 山當 지킴이)

　그 이름 앞에는 한 인간으로써 머리가 절로 숙여지는 소중한 친구다. 그의 삶이 순탄하지도 않고 너그럽지도 않고 물렁하지도 않지만 그에게는 어머니의 눈물 값이라는, 포기할 수 없는 인생이라는 숙명의 순리를 실천하는 삶을 나는 봤다. 이별의 쓰라림과 만남의 환상이 숨쉬듯 반복되는 그의 삶에서 애닳음으로 아쉬움으로 슬며시 다가올 때 눈물 감추고 맞이하는 된장같이 구수한 그를 봤다.
　육십 년 인생의 기록이 심장의 울림이 어제와 같은 오늘 오늘과 같은 내일을 빚어내고 있다. 그에게 인생이란 기다림과 그리움을 먹고 사는 것 어쩌면 그 이상인지도 모른다. 거울은 거울을 보지 못한다.

　우리는 우리 주변에 보석같이 귀한 것들을 혹여나 잊고 사는 것은 아닐까? 이번 김남주 시인의 책 한 권이 수많은 이들에게 이정표를 준비하는 계기가 되었으면 하는 바램이다. 고맙다.

　그가 살아가는 삶에 축하와 박수를 보낸다.

남한강변에서
"방랑식객" 임지호

축 사

함께 굴러가는 수레바퀴처럼

  산을 오르다 보면 숨이 턱까지 차오르고 등에 진한 땀이 배일 즈음 솔향 내음 묻어나는 편안한 길 내어주는 넉넉한 산이 좋다며 쉰 살의 나이에 선물로 와준 늦둥이 아들 송원이와 산을 찾아 떠날 때 가장 행복해 보이던 내 남편 김남주. 그의 이름으로 된 시집 한 권이 우리 곁을 찾아온단다.
  우선 진심으로 축하한다.
  각기 다른 삶의 조각들을 손에 들고 어느 날 홀연히 내 곁을 찾아와 부부라는 이름으로 한데 묶여 지내온 지난 세월 예사롭지 않았던 삶의 흔적을 돌이켜 본다.
  헛걸음에 엉뚱한 기웃거림으로 귀한 시간 허비할 때도 있었고 줄이 끊어져 하늘에서 뱅글뱅글 돌다 자갈밭에 내팽개쳐진 상처투성이 처량한 모습의 끈 떨어진 연 신세가 된 적도 있었고 처음과 끝 찾을 수 없는 헝클어진 실타래처럼 얽히고설켜 어지러움 도처에 머물던 시절도….

필연과 악연의 모호함 속 오가며 고달픔 속 굴레에 갇혀 초조함에 발동동 구르던 기억도 있었지만 뗄래야 뗄수 없는 부동 불변의 원칙으로 자리해 함께 굴러가는 수레바퀴처럼 세월 따라 함께 흐르는 길 남겨진 우리들 삶 속에는 달콤함만 있으리라는 착각 속에 머물고 싶다.
　뾰족한 길이 있으면 옴팡진 길도 있다는 믿음으로 서로의 삶을 지켜보며 사는 파수꾼으로 살고 싶다.

사랑하는 아내 박지영

축 사

제부의 삶에 박수를…

　사시사철 푸른 잣나무와 소나무의 푸르름은 겨울이 되어서야 그 진정한 푸르름을 알 수 있다 한다. 누군가의 손에 의해 걸어 잠궈진 문틈 사이로 새어 들어오는 바람 끝이 아직은 차고 시려 저절로 옷깃을 여미게 하지만 두터운 얼음 속 겹겹이 정지되었던 時間아래로 조용히 물의 흐름은 시작되고 동토의 차가움 뚫기 위해 땅속 싶은 곳에서 태동을 시작한 꿈틀거림이 봄을 부른다.

　그렇게 살아내야 하는 줄로만 알고 스스로를 돌아 볼 기회조차 사치인양하여 떠밀리듯 휘이 휘이 살아온 사람. 한복판에 서 있으면서도 마치 내 것이 아닌 양 한 걸음 비켜서서 자신의 삶을 바라보던 사람. 이번 '멈출 수 없는 바람이라면'이라는 시집을 출간하는 기적처럼 주어진 소중한 경험을 통해 질곡의 삶을 살아온 자신의 인생을 추스리는 값진 기회가 되길 바란다.

"슬플 때는 울어라

울지 않으면 몸이 대신 운다"는 말처럼 먼 길 달려와 겨우 마주한 그 푸르름 속에 늘 머물러 이제는 망설임 없이 글로 모든 것을 말하는 남은 삶이기를 바란다.

대구에서 처형
서예가 박순화

축사

아빠 파이팅! 대박!

 사랑하는 아빠의 오랜 꿈이 이루어진 것 진심으로 축하해 처음 타보는 비행기, 훼리호, 기차, 고속버스도 아빠와 함께였고 한라, 설악, 지리, 덕유, 태백산, 울릉도, 강릉 여행 우리나라의 유명한 산과 명승 고적지를 세 살 때부터 데리고 다니며 더 많은 세상을 만나며 참고 이겨내는 법을 몸으로 배울 수 있는 산 교육의 추억 만들어 준 것 너무 고마워.
 기적처럼 뜻하지 않은 선물로 와서 건강하게 잘 자라주고 자기 할 일을 스스로 찾아 하며 공부까지 잘 하는 꼬맹이 우리 아들 송원이를 자랑스럽게 생각하고 큰 힘이 되어 주어 고맙다며 칭찬을 아끼지 않는 우리 아빠
 '멈출 수 없는 바람이라면'이라는 시집 내용이 아직 나는 어려워서 잘 알 수는 없지만 아빠가 살아 온 이야기가 들어 있고 나에게 쓴 편지도 있어서 기분도 좋고 자랑스러워 친구들에게 자랑도 할거야

앞으로도 더 좋은 글 많이 쓰는 아빠의 모습 기대할께
 참 올해는 꼭 담배를 끊겠다고 나와 한 약속 꼭 지키길
바래.

아빠 늦둥이 아들
'꼬맹이' 김송원 올림

멈출 수 없는
바람이라면